SPRINT

SPRINT

O método usado no Google para testar e aplicar novas ideias em apenas cinco dias

Jake Knapp

com John Zeratsky e Braden Kowitz

Tradução de Andrea Gottlieb

intrínseca

TÍTULO ORIGINAL
Sprint: How to solve big problems and test new ideas in just five days

PREPARAÇÃO
Marluce Faria

REVISÃO
Ulisses Teixeira
Carolina Rodrigues

DESIGN DE CAPA
Jessica Hische

ADAPTAÇÃO DE CAPA E DIAGRAMAÇÃO
ô de casa

CRÉDITO DAS IMAGENS
Jake Knapp, Braden Kowitz e John Zeratsky, com exceção das fotos nas páginas 27 (Adrian Canoso), 64 (Graham Hancock), 142 e 144 (Christophe Wu), e 239 e 240 (Heidi Qiao)

ILUSTRAÇÕES
Jake Knapp

PÓS-PRODUÇÃO DAS IMAGENS
Braden Kowitz

CIP-BRASIL. CATALOGAÇÃO NA PUBLICAÇÃO
SINDICATO NACIONAL DOS EDITORES DE LIVROS, RJ

K75s

Knapp, Jake
Sprint : o método usado no Google para testar e aplicar novas ideias em apenas cinco dias / Jake Knapp com John Zeratsky e Braden Kowitz ; tradução Andrea Gottlieb. -- 1. ed. -- Rio de Janeiro : Intrínseca, 2017.
320 p. : il. ; 21 cm.

Tradução de: Sprint: how to solve big problems and test new ideas in just five days
Inclui índice
ISBN 978-85-510-0152-3

1. Administração de pessoal. 2. Liderança 3. Estratégia 4. Negócios. I. Zeratsky, John. II. Kowitz, Braden. III. Gottlieb, Andrea. IV. Título.

17-39233 CDD: 658.314
CDU: 658.310.42

[2017]

EDITORA INTRÍNSECA LTDA.
Av. das Américas, 500, bloco 12, sala 303
22640-904 – Barra da Tijuca
Rio de Janeiro – RJ
Tel./Fax: (21) 3206-7400
www.intrinseca.com.br

Jake:

Para mamãe, que me ajudou a fazer castelos de papelão.
E para Holly, que foi me buscar quando peguei o ônibus errado.

John:

Para meu avô Gib, que teria comprado os cem primeiros livros.

Braden:

Para meus pais, que me encorajaram a explorar
o mundo e a torná-lo um lugar melhor.

Sumário

Prefácio

O que eu fazia no trabalho não estava dando certo.

Em 2003, minha esposa e eu tivemos nosso primeiro filho. Quando voltei ao escritório, queria que meu tempo no trabalho fosse tão relevante quanto meu tempo em família. Fiz uma análise minuciosa de meus hábitos — e vi que não estava dedicando meus esforços à parte mais importante do trabalho.

Assim, comecei a otimizar. Procurei livros sobre produtividade. Criei planilhas para conferir se me sentia mais eficiente fazendo exercícios de manhã ou na hora do almoço, se bebendo café ou chá. Durante um mês, experimentei cinco tipos de listas de tarefas. Sim, toda essa análise foi estranha. Contudo, pouco a pouco, fui ficando mais focado e mais organizado.

Então, em 2007, consegui um emprego no Google, e lá encontrei uma cultura perfeita para um nerd dos processos. O Google encoraja a experimentação — não apenas com produtos, mas nos métodos usados pelos indivíduos... e pelas equipes.

O aperfeiçoamento dos processos em equipe tornou-se uma obsessão para mim (sim, também estranho). Minhas primeiras tentativas foram workshops de brainstorming com equipes de engenheiros. O brainstorming, quando todo mundo expõe suas ideias, é bastante divertido. Após algumas horas juntos, tínhamos uma grande pilha de notas autoadesivas e todos estavam muito animados.

Um dia, porém, no meio de um brainstorming, um engenheiro interrompeu o processo. "Como você sabe que o brainstorming funciona?", perguntou ele. Eu não sabia bem o que responder. A verdade era constrangedora: eu vinha indagando aos participantes se eles gostavam dos workshops, mas não verificara os resultados reais.

Avaliei, então, o saldo dos workshops que conduzi e identifiquei um problema: as ideias que vinham a ser desenvolvidas e se tornavam bem-sucedidas *não* saíam dos brainstormings barulhentos. As melhores vinham de outro lugar. Mas de onde?

Quando estavam sozinhas, as pessoas continuavam tendo ideias da mesma forma de sempre — sentadas às suas mesas, esperando pelo café em uma lanchonete ou tomando banho. Essas ideias geradas individualmente eram melhores. Quando a euforia dos workshops acabava, os planos elaborados a partir do brainstorming não eram competitivos o suficiente.

Talvez não houvesse tempo suficiente durante as sessões para um pensamento mais profundo. Isso provavelmente acontecia porque o brainstorming terminava com desenhos em papéis em vez de algo mais realista. Quanto mais eu pensava sobre isso, mais falhas identificava em minha abordagem.

Comparei os brainstormings à minha própria rotina no Google. Eu fazia o meu melhor trabalho quando tinha um grande desafio e dispunha de pouco tempo.

Um desses projetos se deu em 2009. Um engenheiro do Gmail chamado Peter Balsiger teve a ideia de possibilitar a organização automática dos e-mails. Fiquei animado com a ideia — conhecida como "Caixa Prioritária" — e recrutei outra engenheira, Annie Chen, para trabalhar nisso conosco. Ela concordou, mas só nos daria um mês. Se não conseguíssemos provar que a ideia era viável naquele período, ela iria para outro projeto. Eu tinha certeza de que um mês não seria tempo o bastante, mas Annie é uma engenheira incrível, por isso decidi apostar.

Dividimos o mês em quatro blocos com uma semana de duração. A cada semana, criávamos um novo design. Annie e Peter desenvolviam um protótipo, e então, no último dia da semana, nós o testávamos com algumas centenas de pessoas.

No fim do mês, havíamos chegado a uma solução que as pessoas conseguiam entender — e queriam usar. Annie ficou conosco para liderar a equipe da Caixa Prioritária. E, de alguma forma, fizemos o trabalho do design em uma fração do tempo habitual.

Meses depois, visitei Serge Lachapelle e Mikael Drugge, dois *googlers* que trabalham em Estocolmo. Queríamos testar uma ideia para um software de videoconferências que pudesse ser executado em um navegador de web. Eu ficaria poucos dias na cidade, por isso trabalhamos o mais rápido possível. No fim da visita, tínhamos um protótipo em funcionamento. Nós o mandamos por e-mail para nossos colegas e começamos a usá-lo em reuniões. Após alguns meses, a empresa inteira estava usando. (Mais tarde, uma versão refinada e aperfeiçoada desse aplicativo foi lançada como Google Hangouts.)

Nos dois casos, percebi que havia trabalhado com muito mais eficiência do que em minha rotina diária normal ou em qualquer workshop de brainstorming. Qual era a diferença?

Em primeiro lugar, houve tempo para desenvolver as ideias de maneira independente, ao contrário do que acontece em meio à gritaria e aos argumentos de um brainstorming. Mas não houve tempo *demais*. Os prazos apertados me forçaram a manter o foco. Não podia me dar ao luxo de pensar muito nos detalhes ou me distrair com outro projeto menos importante, como frequentemente acontecia nos dias de trabalho comuns.

Os outros ingredientes-chave foram as pessoas. Os engenheiros, o gerente de produto e o designer estavam todos juntos na sala, cada um resolvendo sua própria parte do problema, cada um pronto para responder às dúvidas dos outros.

Reconsiderei aqueles workshops em equipe. E se eu acrescentasse estes ingredientes mágicos: foco no trabalho individual, tempo para criar um protótipo e um prazo impreterível? Decidi chamar isso de design "sprint", em uma alusão às corridas de alta velocidade em curtos períodos de tempo.

Criei um cronograma básico para meu primeiro sprint: um dia para compartilhar informações e esboçar ideias, seguido por quatro dias de desenvolvimento de protótipos. Mais uma vez, as equipes do Google receberam a experiência de bom grado. Liderei sprints para o Chrome, o Gmail e o próprio mecanismo de buscas do Google, além de outros projetos.

Foi empolgante. Os sprints funcionaram. Ideias foram testadas, desenvolvidas, lançadas — e o melhor de tudo: em muitos casos, tiveram sucesso no mundo real. O processo de sprint se espalhou pelo Google de uma equipe para outra e de sede para sede. Uma designer do Google X se interessou pelo método e liderou um sprint para uma equipe no Ads. Os *googlers* desse sprint contaram aos colegas, e assim por diante. Em pouco tempo, eu estava ouvindo falar sobre sprints de pessoas que nem conhecia.

Cometi alguns erros no caminho. Meu primeiro sprint contou com quarenta pessoas — um número ridiculamente alto que quase frustrou o processo antes mesmo de começar. Ajustei o período gasto na formulação de ideias e no desenvolvimento de protótipos. Descobri o que era rápido demais, o que era lento demais e, por fim, o que era o ideal.

Dois anos depois, encontrei Bill Maris para conversar sobre os sprints. Bill é o CEO do Google Ventures (GV), firma de capital de risco criada pelo Google para investir em startups promissoras. Ele é uma das pessoas mais influentes no Vale do Silício, mas é impossível saber disso tendo como base seu comportamento despojado. Naquela tarde em particular, ele estava usando seus trajes típicos: um boné e uma camiseta que dizia alguma coisa sobre o estado de Vermont.

Bill estava interessado em conduzir sprints com as startups no portfólio do GV. Em geral, essas empresas têm apenas uma chance de criar um produto de sucesso antes de ficarem sem dinheiro. Os sprints podiam lhes dar uma forma de descobrir se estavam no caminho certo antes de se arriscarem a desenvolver e lançar seus produtos. Conduzir sprints era uma chance de economizar e gerar dinheiro.

Porém, para que desse certo, eu teria que adaptar o processo dos sprints. Fazia anos que eu vinha pensando sobre produtividade individual e em equipe. No entanto, eu não sabia quase nada sobre startups e as particularidades de seu negócio. Mesmo assim, o entusiasmo de Bill me convenceu de que o Google Ventures era o lugar certo para os sprints — e o lugar certo para mim. "Nossa missão", disse ele, "é encontrar os melhores empreendedores do planeta e ajudá-los a mudar o mundo para melhor." Não resisti.

No GV, juntei-me a três outros parceiros no design: Braden Kowitz, John Zeratsky e Michael Margolis. Juntos, começamos a organizar sprints com startups, fazendo experiências com o processo e examinando os resultados para descobrir formas de aprimorá-lo.

As ideias contidas neste livro vêm do nosso time todo. Braden Kowitz acrescentou ao processo do sprint o design baseado em cenários, uma abordagem pouco convencional que se concentra na experiência do usuário como um todo, e não em componentes ou tecnologias individuais. John Zeratsky nos ajudou a começar pelo fim, de modo que cada sprint respondesse às questões mais importantes referentes ao negócio. Braden e John tinham a experiência que me faltava com as startups e os negócios, e remodelaram o processo para garantir um foco melhor e decisões mais inteligentes a cada sprint.

Michael Margolis nos encorajou a concluir cada sprint com um teste concreto. Ele pegou a pesquisa de satisfação do cliente, que pode levar semanas para ser planejada e executada, e encontrou uma maneira de obter resultados claros em apenas um dia. Foi revelador. Não precisávamos adivinhar se nossas soluções eram boas. Tínhamos respostas no fim de cada sprint.

E há também Daniel Burka, um empreendedor que fundou duas startups, vendeu uma para o Google e se juntou ao GV. Quando lhe descrevi o processo de sprint pela primeira vez, ele o encarou com ceticismo. Como diria mais tarde, "parecia um monte de abobrinha administrativa". Porém, concordou em fazer uma experiência. "Naquele primeiro sprint, deixamos toda a conversa fiada de lado e fizemos algo ambicioso em apenas uma semana. Fui fisgado." Depois que o convencemos, a experiência em primeira mão de Daniel como fundador e sua completa intolerância a qualquer papo furado nos ajudaram a aperfeiçoar o processo.

Desde o primeiro sprint no GV, em 2012, fizemos ajustes e testes. A princípio, achávamos que desenvolver protótipos e pesquisas com rapidez só daria certo com produtos de massa. Será que poderíamos trabalhar em um ritmo tão acelerado se os clientes fossem especialistas em áreas como medicina ou finanças?

Para nossa surpresa, o processo de cinco dias se sustentou. Estava funcionando para todos os tipos de clientes, de investidores a fazendeiros, de oncologistas a pequenos empresários. Funcionava para sites, aplicativos de iPhone, relatórios médicos impressos e hardwares de alta tecnologia. E não servia apenas para o desenvolvimento de produtos. Usamos os sprints na priorização, na estratégia de marketing e até para dar nomes a empresas. O processo sempre une as equipes e dá vida às ideias.

Nos últimos anos, nosso time teve uma oportunidade sem precedentes de testar e validar ideias sobre processos de trabalho. Conduzimos mais de cem sprints com as startups que compõem o portfólio do GV. Trabalhamos lado a lado e aprendemos com empreendedores brilhantes como Anne Wojcicki (fundadora da 23andMe), Ev Williams (fundador do Twitter, do Blogger e do Medium), e Chad Hurley e Steve Chen (fundadores do YouTube).

No início, eu queria tornar meus dias de trabalho mais eficientes e relevantes. Queria me concentrar no que realmente importava e aproveitar ao máximo meu tempo — para mim, para minha equipe e para nossos clientes. Hoje, mais de uma década depois, o processo de sprint tem me ajudado de forma consistente a alcançar esse objetivo. E estou muito animado para compartilhá-lo neste livro.

Com sorte, você escolheu seu trabalho em virtude de uma visão arrojada. Você quer dividir essa visão com o mundo, seja ela uma mensagem, um serviço, uma experiência, um software, um hardware ou até — como no caso deste livro — uma história ou uma ideia. Contudo, dar vida a uma visão não é simples. É muito fácil ficar preso no caos: e-mails intermináveis, prazos estourados, reuniões que consomem o dia inteiro e projetos de longo prazo baseados em premissas questionáveis.

Não precisa ser assim. Os sprints oferecem um caminho para resolver grandes problemas, testar novas ideias, fazer mais coisas em menos tempo. Também permitem que você se divirta mais ao longo dessa trajetória. Em outras palavras, você precisa, sem dúvida nenhuma, experimentar um sprint. Mãos à obra.

— Jake Knapp
São Francisco, fevereiro de 2016

Introdução

Em uma manhã nublada de maio de 2014, John Zeratsky entrou em um prédio bege sem graça em Sunnyvale, Califórnia. John estava lá para uma conversa na Savioke Labs, um dos novos investimentos do Google Ventures. Ele percorreu um labirinto de corredores, subiu um pequeno lance de escada, encontrou a modesta porta de madeira onde se lia "2B" e entrou.

A verdade é que as companhias de tecnologia costumam ser um pouco decepcionantes para quem espera olhos computadorizados vermelhos e brilhantes, *holodecks* no estilo *Jornada nas Estrelas* ou cópias heliográficas ultrassecretas. A maior parte do Vale do Silício se resume a uma porção de mesas, computadores e canecas de café. Contudo, atrás da porta 2B havia pilhas de placas de circuitos, displays de compensado e estruturas de plástico recém-saídas da impressora 3-D. Ferros de solda, furadeiras e cópias heliográficas — sim, cópias heliográficas ultrassecretas de verdade. *Este lugar*, pensou John, *tem a cara que uma startup* deveria *ter*.

Em seguida, viu a máquina. Era um cilindro com pouco mais de um metro, mais ou menos do tamanho e com o mesmo formato de uma lixeira de cozinha. Seu corpo branco e lustroso tinha uma base resplandecente e afunilava com elegância. Havia um pequeno display digital fixado no topo, quase como um rosto. E a máquina se mexia. Ela deslizava pelo chão com energia própria.

"Este é o robô Relay", disse Steve Cousins, o fundador e CEO da Savioke. Steve estava usando calças jeans e uma camiseta escura, e tinha o ar entusiasmado de um professor de ciências do ensino médio. Ele observava a pequena máquina com orgulho. "Construído bem aqui com peças produzidas em série."

O robô Relay, segundo Steve, havia sido desenvolvido para fazer serviço de quarto em hotéis. Ele navegaria com autonomia, pegaria o elevador sozinho e levaria coisas como escovas de dentes, toalhas e lanches para os hóspedes. Enquanto os dois acompanhavam, o robozinho cuidadosamente contornou a cadeira diante de uma mesa e então parou perto de uma tomada.

A Savioke tinha uma equipe de engenheiros e designers de primeira categoria, a maioria dos quais ex-funcionários do Willow Garage, um renomado laboratório particular de pesquisa em robótica no Vale do Silício. Eles compartilhavam uma visão cujo intuito era inserir a assistência de robôs no cotidiano dos seres humanos — em restaurantes, hospitais, casas de repouso etc.

Steve decidira começar pelos hotéis, pois eram ambientes relativamente simples e estáveis com um problema crônico: "horas do rush" de manhã e à noite, quando check-ins, check-outs e os pedidos nos quartos inundavam a recepção. Era a oportunidade perfeita para se contar com a ajuda de um robô. No mês seguinte, esse mesmo robô — o primeiro Relay completamente operacional — entraria em serviço em um hotel das redondezas, fazendo entregas de verdade para pessoas de verdade. Se um hóspede esquecesse uma escova de dentes ou um barbeador, o robô estaria lá para ajudá-lo.

Havia, porém, um problema: Steve e sua equipe temiam que os hóspedes pudessem não gostar de um robô fazendo entregas. Será que isso os deixaria nervosos ou até assustados? O robô era uma maravilha tecnológica, mas a Savioke não sabia bem como a máquina deveria se comportar perto de seres humanos.

Havia um grande risco, explicou Steve, de ser assustador receber toalhas de uma máquina. O designer-chefe da Savioke, Adrian Canoso, tinha várias ideias para dar uma aparência mais amigável ao Relay, mas a equipe precisava tomar muitas decisões antes de o robô estar pronto para o público. Como ele deveria se comunicar com os hóspedes? Que dose de personalidade seria o ideal, sem exageros? "E ainda temos a questão do elevador", disse Steve.

John aquiesceu. "Já acho os elevadores constrangedores quando estou com outros humanos."

"Exatamente." Steve deu uma palmadinha no Relay. "O que pode acontecer se ainda acrescentarmos um robô a essa mistura?"

Fazia apenas alguns meses que a Savioke estava em atividade. Eles vinham se concentrando em encontrar a estrutura e o design certos. Haviam negociado um projeto-piloto com a Starwood, uma rede hoteleira com centenas de propriedades. Todavia, ainda tinham grandes perguntas para responder. Questões cruciais, do tipo "ou vai, ou racha", e apenas algumas semanas para encontrar as respostas antes de iniciar o teste.

Era o momento perfeito para um sprint.

O sprint é o processo único de cinco dias do GV para resolver questões críticas por meio de protótipos e testes de ideias com clientes. É como uma coletânea dos "maiores sucessos" da gestão estratégica, da inovação, das ciências do comportamento, do design e mais — tudo condensado em um passo a passo que qualquer equipe pode usar.

A equipe da Savioke avaliou dezenas de ideias para seu robô, recorrendo em seguida a um processo estruturado de tomada de decisão para eleger as soluções mais promissoras, sem correr os riscos do pensamento de grupo, ou *groupthink*. Construíram um protótipo realista em apenas um dia. E, para a etapa final do sprint, recrutaram clientes em potencial e improvisaram um laboratório de pesquisa em um hotel vizinho.

Adoraríamos contar que nós, os autores, fomos os heróis geniais dessa história. Seria maravilhoso se pudéssemos de repente entrar em uma companhia e distribuir ideias brilhantes que a transformassem em um grande sucesso de uma hora para outra. Infelizmente, não somos gênios. O sprint da Savioke deu certo por causa dos verdadeiros especialistas: as pessoas que já faziam parte do time. Nós só demos a elas um processo para que fizessem o trabalho.

Segue aqui uma descrição do sprint da Savioke. E, se você não for roboticista, não se preocupe. Usamos exatamente a mesma estrutura para softwares, serviços, marketing e outras áreas.

Primeiro, a equipe reservou uma semana inteira em seu calendário. Da segunda até a sexta, cancelaram todas as reuniões, ativaram a resposta automática de "ausência temporária" nos e-mails e se concentraram completamente em uma questão: como o robô deveria se comportar perto de humanos?

Em seguida, formularam um prazo. A Savioke combinou um teste no hotel para a sexta-feira da semana do sprint. Estabeleceu-se a pressão. Havia apenas quatro dias para projetar e desenvolver o protótipo de uma solução funcional.

Na segunda-feira, a empresa revisou tudo que eles sabiam sobre o problema. Steve falou sobre a importância da satisfação do cliente, algo que os hotéis avaliam e acompanham religiosamente. Se o Relay aumentasse os níveis de satisfação durante o programa-piloto, os hotéis pediriam mais robôs. Porém, se os números se mantivessem ou caíssem, e os pedidos não chegassem, o novo negócio estaria em uma posição arriscada.

Juntos, criamos um mapa para identificar os maiores riscos. Pense nesse mapa como uma história: hóspede recebe robô, robô dá escova de dentes a hóspede, hóspede fica fascinado por robô. Ao longo do caminho, haveria momentos delicados em que robô e hóspede poderiam interagir pela primeira vez: no saguão, no elevador, no corredor, e assim por diante. Portanto, onde deveríamos aplicar nosso esforço? Com apenas cinco dias de sprint, é preciso se ater a um objetivo específico. Steve escolheu o momento da entrega. Se fosse feita corretamente, o convidado ficaria encantado. Se falhasse, o recepcionista passaria o dia respondendo a perguntas de viajantes confusos.

A equipe estava bastante preocupada em fazer com que o robô parecesse inteligente demais. "Fomos mal-acostumados pelo C-3PO e pelo WALL-E", explicou Steve. "Esperamos que os robôs tenham sentimentos e planos, esperanças e sonhos. Nosso robô não é tão sofisticado assim. Se os hóspedes tentarem conversar, ele não vai responder. E, se decepcionarmos as pessoas, estamos perdidos."

Na terça-feira, a equipe passou do problema para as soluções. Em vez de um brainstorming barulhento, o pessoal começou a esboçar soluções individualmente. E não foram só os designers. Tessa Lau, a engenheira-chefe de robótica, também fez esboços, assim como Izumi Yaskawa, gerente de desenvolvimento de negócios, e Steve, o CEO.

Na manhã da quarta, esboços e anotações cobriam as paredes da sala de reuniões. Algumas ideias eram novas enquanto outras eram ideias antigas que haviam sido descartadas ou nunca analisadas a fundo. Ao todo, tínhamos 23 soluções concorrentes.

Como poderíamos diminuir esse número? Na maioria das organizações, levaria semanas de reuniões e e-mails intermináveis para decidir. No entanto, tínhamos apenas um dia. O teste da sexta-feira estava se aproximando, e todo mundo já sentia isso. Usamos a votação e a discussão estruturada para decidir rapidamente, com tranquilidade e sem desentendimentos.

O teste incluiria uma lista com as ideias mais ousadas de Adrian Canoso, designer da Savioke: um rosto para o robô e uma trilha sonora de bipes e campainhas. Também incluiria uma das ideias mais intrigantes, ainda que controversas, dos esboços: o robô dançaria quando estivesse feliz. "Tenho medo de dar personalidade demais a ele", comentou Steve. "Mas este é o momento para corrermos riscos."

"Afinal", acrescentou Tessa, "se explodir na nossa cara agora, podemos voltar atrás." Então viu as expressões no rosto do pessoal. "É só um modo de falar. Não se preocupem, o robô não pode literalmente explodir."

Quando amanheceu na quinta-feira, tínhamos apenas oito horas para preparar o protótipo que seria apresentado no hotel. Poderia não ser tempo o bastante. Usamos dois truques para concluir o protótipo a tempo:

1. Grande parte do trabalho duro já tinha sido feita. Na quarta-feira, havíamos concordado quanto às ideias que deveriam ser testadas, e também documentado em detalhes cada possível solução. Só faltava a execução.
2. O robô não precisava ser completamente autônomo, como algum dia seria no hotel. Precisava apenas demonstrar funcionalidade em uma única tarefa: entregar uma escova de dentes em um quarto.

Tessa e a engenheira Allison Tse programaram e ajustaram os movimentos do robô usando um laptop velho e um controle de PlayStation. Adrian colocou fones de ouvido imensos e orquestrou os efeitos sonoros. O "rosto" foi criado em um iPad e montado no robô. Às cinco da tarde, ele estava pronto.

Para o teste da sexta-feira, a Savioke havia programado entrevistas com hóspedes no hotel Starwood em Cupertino, Califórnia. Às sete da manhã, montamos um laboratório improvisado dentro de um dos quartos, colando algumas câmeras à parede com fitas adesivas. E, às 9h14, começamos a entrevista com a primeira hóspede.

A jovem estudou a decoração do quarto do hotel: madeira clara, tons neutros, uma televisão nova. Bonito e moderno, mas nada extraordinário. Então, a entrevista seria sobre o *quê*?

Ao lado dela estava Michael Margolis, um parceiro de pesquisa do GV. Por ora, Michael queria manter o objeto do teste em sigilo para que fosse uma surpresa. Ele planejara toda a entrevista visando à obtenção de certas respostas para a equipe da Savioke. Naquele momento, tentava entender os hábitos de viagem da mulher, encorajando-a a reagir com sinceridade quando o robô aparecesse.

Michael ajustou os óculos e fez uma série de perguntas sobre a rotina dela em hotéis. Onde colocava a mala? Quando a abria? E o que faria se tivesse esquecido a escova de dentes?

"Não sei. Acho que ligaria para a recepção."

Michael anotou as respostas em uma prancheta. "Ok." Ele apontou para o telefone. "Vá em frente e ligue." Ela discou. "Sem problemas", disse o recepcionista. "Vou mandar uma escova agora mesmo."

Assim que a mulher desligou o telefone, Michael continuou com as perguntas. Ela sempre usava a mesma mala? Quando foi a última vez que esqueceu algo em uma viagem?

Triiiim. O telefone a interrompeu. Ela atendeu, e uma mensagem automática foi reproduzida. "Sua escova de dentes chegou."

Sem pensar, ela atravessou o quarto, girou a maçaneta e abriu a porta. Na sede da empresa, os membros da equipe do sprint se reuniram ao redor dos monitores, observando sua reação.

"Ai, meu Deus!", exclamou ela. "É um *robô*!"

A tampa lustrosa abriu-se lentamente. Dentro do compartimento, estava a escova. O robô reproduziu uma série de campainhas e bipes quando a mulher confirmou a entrega tocando na tela. Ao receber cinco estrelas da hóspede pela experiência, a máquina dançou de alegria, remexendo-se para a frente e para trás.

"Que legal!", disse ela. "Se começarem a usar esse robô, vou me hospedar sempre aqui." Contudo, o importante não foi o que ela falou. Foi o sorriso de prazer que vimos pelo stream de vídeo. E foi também o que ela não fez — nenhuma hesitação, nenhuma frustração ao interagir com o robô.

Acompanhando ao vivo pelos monitores, estávamos nervosos durante a primeira entrevista. Na segunda e na terceira, já estávamos rindo e até comemorando. Um hóspede após o outro reagindo da mesma forma. Ficavam animados quando viam o robô. Não tiveram dificuldades para receber as escovas, confirmando a entrega na tela e se despedindo da máquina. As pessoas queriam chamá-lo para uma segunda entrega só para vê-lo outra vez. Até tiravam selfies com o robô. Mas ninguém, nem mesmo uma única pessoa, tentou conversar com ele.

No fim do dia, o quadro branco estava repleto de sinais verdes de confirmação. A arriscada personalidade do robô — os olhos piscando, os efeitos sonoros e, sim, até a "dança de alegria"

Relay, o robô da Savioke.

— foi um sucesso absoluto. Antes do sprint, a Savioke temia estar fazendo promessas exageradas em relação à capacidade do robô. Agora, percebia que lhe dar uma personalidade cativante poderia ser o segredo para aumentar a satisfação do hóspede.

Nem todos os detalhes estavam perfeitos, é claro. O touch screen era lento. Alguns dos efeitos sonoros estavam sem sincronia. Uma ideia — a inclusão de jogos na tela do robô — não teve apelo algum para os hóspedes.

Essas falhas implicavam a reavaliação de algumas prioridades do trabalho de desenvolvimento, mas ainda havia tempo.

Três semanas depois, o robô começou a cumprir suas funções em tempo integral no hotel. E o Relay foi um sucesso. Histórias sobre a charmosa máquina foram publicadas nos jornais *The New York Times* e *The Washington Post*, e a Savioke foi notícia em veículos cujas tiragens somadas ultrapassavam um bilhão de exemplares no primeiro mês. Contudo, o mais importante foi que os hóspedes adoraram o Relay. No fim do verão, a Savioke havia recebido tantas encomendas de novos robôs que a produção mal conseguia acompanhar.

A startup se arriscou ao dar uma personalidade ao robô. No entanto, eles só se sentiram confiantes para apostar porque o sprint permitiu que testassem ideias rapidamente.

O problema das boas ideias

É difícil encontrar boas ideias. E mesmo as melhores enfrentam um caminho de incertezas em direção ao sucesso no mundo real. Essa é a realidade tanto para quem administra uma startup quanto para quem dá aulas ou trabalha em uma grande organização.

A execução pode ser complicada. Qual é o ponto mais importante para concentrar seus esforços, e como se deve começar? Qual será o resultado de sua ideia na vida real? É melhor designar uma pessoa inteligente para descobrir isso ou conduzir uma sessão de brainstorming com toda a equipe? Como você sabe que encontrou a solução certa? Quantas reuniões e discussões serão necessárias para ter certeza? E, no fim, alguém vai se importar?

Como sócios no GV, temos a missão de ajudar nossas startups a responder a essas importantes perguntas. Não somos consultores pagos por hora. Somos investidores, e nosso sucesso é o sucesso de nossas companhias. Para ajudá-las a resolver seus problemas de forma rápida e a se tornarem autossuficientes, otimizamos nosso processo de sprint para alcançar os melhores resultados no mínimo de tempo. O melhor de tudo é que o processo depende das pessoas, do conhecimento e das ferramentas que cada equipe já tem.

Trabalhando junto com nossas startups em um sprint, encurtamos o ciclo de debates intermináveis e comprimimos meses em uma única semana. Em vez de esperar pelo lançamento de um produto mínimo para descobrir se uma ideia é boa, nossas empresas obtêm dados claros de um protótipo realista.

O sprint dá a nossas startups um superpoder: elas podem se transportar para o futuro e ver o produto final e as reações dos clientes antes de fechar compromissos dispendiosos. Quando uma ideia arriscada é bem-sucedida em um sprint, a compensação é fantástica. No entanto, são os fracassos que, embora dolorosos, proporcionam o melhor retorno sobre o investimento. Identificar falhas críticas depois de apenas cinco dias de trabalho é o máximo de eficiência. É aprender na marra, mas sem sofrimento.

No GV, conduzimos sprints com companhias como a Foundation Medicine (produtores de diagnósticos avançados de câncer), a Nest (produtores de aparelhos inteligentes para residências) e a Blue Bottle Coffee (produtores de café). Já usamos sprints para avaliar a viabilidade de um novo negócio, produzir a primeira versão de novos aplicativos para celulares e tablets, aperfeiçoar produtos com milhões de usuários, definir estratégias de marketing e criar o design para relatórios de exames médicos. Sprints já foram conduzidos por bancos de investimentos em busca de sua próxima estratégia, pela equipe do Google que desenvolvia um veículo autônomo e por alunos do ensino médio em um trabalho importante de matemática.

Este livro é um guia "faça você mesmo" para conduzir seu próprio sprint e encontrar respostas para as questões mais urgentes de seu negócio. **Na segunda-feira**, você mapeará o problema e escolherá um ponto importante em que se concentrar. **Na terça-feira**, esboçará soluções concorrentes no papel. **Na quarta-feira**, tomará decisões difíceis e transformará as ideias em hipóteses que possam ser testadas. **Na quinta-feira**, construirá um protótipo realista. E, **na sexta-feira**, fará um teste com humanos.

Em vez de darmos conselhos muito elaborados, mergulhamos nos detalhes. Nós o ajudaremos a montar a equipe perfeita para um sprint entre as pessoas com quem já trabalha. Você aprenderá coisas complexas (por exemplo, como aproveitar ao máximo as opiniões diferentes de sua equipe *e* a visão de um líder), coisas de dificuldade mais moderada (por que sua equipe deveria passar três dias seguidos com os telefones e os computadores desligados) e detalhes básicos (por que você deveria almoçar à uma da tarde). Você não vai terminar com um produto completo, detalhado, pronto para a entrega. Mas vai fazer um progresso rápido e terá certeza se está indo na direção certa.

Alguns métodos parecerão familiares e outros serão novidade para você. Se estiver familiarizado com o desenvolvimento enxuto ou o *design thinking*, vai descobrir que o sprint é uma forma prática de aplicar essas filosofias. Se sua equipe usa processos "ágeis", você vai ver que nossa definição de "sprint" é diferente, mas complementar. E, caso não tenha ouvido falar em nenhum desses métodos, não se preocupe — isso não será um problema. Este livro é tanto para especialistas quanto para iniciantes, para qualquer um que tenha uma grande oportunidade, problema ou ideia e precise começar a trabalhar. Cada passo foi experimentado, ajustado, testado e avaliado no curso dos mais de cem sprints que fizemos, e também refinado com o retorno que recebemos da crescente comunidade sprint. Se não funciona, não está no livro.

No final, você encontrará uma série de listas de checagem, incluindo uma lista de compras e cronogramas para cada dia. Não é necessário memorizar tudo agora — os checklists vão esperá-lo até você estar pronto para conduzir seu próprio sprint. Contudo, antes de começar esse sprint, você precisará de um planejamento meticuloso se quiser torná-lo um sucesso. Nos próximos capítulos, mostraremos como preparar o terreno.

Preparando o terreno

Antes de iniciar um sprint, você precisará ter a **equipe** e o **desafio** certos. Também precisará de **tempo e espaço** para conduzir seu sprint. Nos próximos três capítulos, mostraremos como você deve se preparar.

1

Desafio

Em 2002, um clarinetista chamado James Freeman largou o trabalho como músico profissional e fundou... um carrinho de café.

James era obcecado por café torrado e fresquinho. Naquela época, na região de São Francisco, era quase impossível encontrar grãos de café com a data de torra impressa na embalagem. Então, o músico decidiu fazer o próprio café. Ele torrava os grãos com cuidado em um galpão no jardim de casa, e logo depois dirigia até as feiras de Berkeley e Oakland, na Califórnia, onde preparava e vendia xícaras. Ele era educado e prestativo, e o café, uma delícia.

Não demorou para que James e seu carrinho, chamado Blue Bottle Coffee, conquistassem uma clientela. Em 2005, ele estabeleceu um ponto permanente para a Blue Bottle na garagem de um amigo em São Francisco. Nos anos seguintes, à medida que o negócio crescia, James abriu mais cafeterias. Em 2012, a Blue Bottle tinha lojas em São Francisco, Oakland, Manhattan e

Brooklyn. Era um negócio que muitos teriam considerado perfeito. O café foi reconhecido como um dos melhores do país. Os baristas eram simpáticos e bem preparados. Até o design interior das cafeterias era o ideal: prateleiras de madeira, azulejos de cerâmica de muito bom gosto e um logotipo simples em um tom perfeito de azul-celeste.

No entanto, James não considerava o negócio perfeito ou completo. Ele continuava tão apaixonado por café e hospitalidade quanto sempre foi e queria proporcionar a experiência da Blue Bottle a ainda mais apreciadores do café. Queria abrir mais cafeterias. Queria entregar café torrado fresquinho na casa das pessoas, mesmo que elas não morassem perto de uma Blue Bottle. Se aquele carrinho de café fosse o Sputnik, a próxima fase seria como uma viagem à Lua.

Assim, em outubro de 2012, a Blue Bottle Coffee levantou 20 milhões de dólares de um grupo de investidores do Vale do Silício, incluindo o GV. James tinha muitos planos para aquele dinheiro, mas um dos mais óbvios era o desenvolvimento de uma loja on-line para vender grãos de café frescos. Mas a Blue Bottle não era uma companhia de tecnologia, e James não era um especialista em varejo na internet. Como ele poderia traduzir a magia dos cafés para smartphones e laptops?

Várias semanas depois, em uma tarde clara de dezembro, Braden Kowitz e John Zeratsky se encontraram com James. Sentaram-se perto do balcão, tomaram café e discutiram o desafio. A loja on-line era importante para a empresa. Seria preciso tempo e dinheiro para que desse certo, e era difícil saber por onde começar. Em outras palavras, parecia a candidata certa para um sprint. James concordou.

Eles discutiram quem deveria participar do sprint. Uma escolha óbvia era o programador que seria responsável por desenvolver a loja on-line. Mas James também incluiu o diretor de operações, o diretor financeiro e o gerente de comunicação da Blue Bottle. Incluiu a responsável pelo serviço de atendimento ao cliente, que lidava com dúvidas e reclamações, e também o presidente-executivo da companhia: Bryan Meehan, especialista em varejo que fundou uma cadeia de supermercados de produtos orgânicos no Reino Unido. E, é claro, o próprio James também participaria.

A loja on-line era essencialmente um projeto de software — algo com que nossa equipe do GV estava bem acostumada. Contudo, esse grupo não se parecia em nada com uma equipe tradicional de desenvolvimento de software. Eram pessoas ocupadas, que perderiam uma semana inteira de trabalho. O sprint compensaria o tempo gasto?

Na manhã da segunda-feira que abriu a semana de sprint, a equipe da Blue Bottle se encontrou em uma sala de reuniões do escritório do GV em São Francisco. Desenhamos um diagrama no quadro branco mostrando como os compradores poderiam navegar pela loja on-line. O público-alvo visado pela Blue Bottle eram os novos consumidores. James queria concentrar o sprint nesse cenário devido a sua complexidade. Se eles pudessem estabelecer credibilidade e criar uma ótima experiência para alguém que nunca tivesse ouvido falar da Blue Bottle, muito menos visitado suas cafeterias ou experimentado seu café, qualquer situação seria comparativamente fácil.

Estávamos diante de uma grande questão: como deveríamos organizar o café? O comprador desse cenário estaria escolhendo entre mais de dez variedades de grãos em sacos quase idênticos. E, ao contrário dos estabelecimentos da Blue Bottle, não haveria baristas para ajudarem na escolha.

A princípio, a solução parecia óbvia. De cafeterias pequenas a gigantes como a Starbucks, os vendedores tendem a organizar o café pela região geográfica onde foi plantado. África, América Latina, Pacífico. Café hondurenho *vs.* café etíope. Seria lógico a Blue Bottle categorizar seus grãos da mesma forma.

"Tenho que admitir uma coisa", anunciou Braden. Todos se viraram. "Adoro café, ok? Tenho até uma balança em casa." Balanças eletrônicas são a marca registrada de um verdadeiro fanático por café. Ter uma balança significava que Braden pesava a água e os grãos para experimentar e ajustar diversas proporções. Isso é ciência. A precisão das balanças de café chega à fração de um grama.

Ele sorriu e estendeu as mãos. "Não sei o que as regiões significam." Todos ficaram em silêncio. Ninguém olhou para James. Afinal, a corajosa admissão de Braden poderia ser vista como heresia.

"Tudo bem", disse James. A verdade veio à tona. John e Jake não sabiam a diferença entre as regiões produtoras de café, tampouco Daniel Burka. Tomamos café juntos várias vezes, mas nenhum de nós jamais admitira nossa falta de sofisticação.

Em seguida, Serah Giarusso, a responsável pelo atendimento ao consumidor da Blue Bottle, estalou os dedos. "O que fazemos nas cafeterias?", perguntou ela. Afinal, prosseguiu, a "Situação de Braden" deve acontecer o tempo todo com os baristas: um cliente entra para comprar grãos de café, mas não sabe exatamente quais levar.

James fala devagar e com ponderação. Fez uma pausa antes de responder: "O método de preparação é muito importante. Por isso, treinamos os baristas para fazer uma pergunta simples ao cliente: 'Como você faz café em casa?'" James explicou que, dependendo do que o cliente usava — uma Chemex, uma prensa francesa, uma Mr. Coffee etc. —, os baristas podiam recomendar um grão que combinasse.

"'Como você faz café em casa...?'", repetiu Braden. Todo mundo fez anotações. James havia iniciado o sprint explicando sua visão: a loja on-line deveria simular a hospitalidade das cafeterias. Parecia que estávamos chegando a algum lugar.

A equipe passou o dia seguinte esboçando ideias para a loja. Na manhã da quarta-feira, tínhamos quinze soluções diferentes. Era muita coisa para testar com clientes, então a equipe votou em suas favoritas para afunilar as opções. Em seguida, James, o responsável pela decisão, fez a escolha final de três esboços para testar.

O primeiro exibia uma abordagem literal para fazer o site combinar com as cafeterias: parecia com o interior de uma cafeteria Blue Bottle, incluindo as prateleiras de madeira. No segundo, havia bastante texto para imitar as conversas que os baristas tinham com os clientes. Por fim, James escolheu um terceiro esboço que organizava os cafés pelo método de preparação, apresentando na própria tela a pergunta "Como você faz café em casa?".

James escolhera três ideias concorrentes. Qual deveria ter um protótipo e ser testada? A ideia de um site que lembrasse a cafeteria era a com mais apelo. A estética da Blue Bottle é muito elogiada, e um site que combinasse com ela teria uma aparência única no mercado. Precisávamos testar essa ideia, que, por sua vez, não era compatível com as outras soluções. Todavia, as outras soluções *também* eram intrigantes. Estávamos com dificuldades para chegar a uma decisão.

Assim, decidimos fazer protótipos de todas as três. Afinal, não precisávamos de um site funcional. Para parecer real em nosso teste, cada loja on-line fictícia só precisaria de algumas telas.

Trabalhando junto com a equipe da Blue Bottle, usamos o software de apresentações Keynote para produzir uma série de slides parecidos com três sites de verdade. Com um pouco de criatividade, e sem nenhuma programação, alinhavamos essas telas em um protótipo que os clientes pudessem usar.

Na sexta-feira, a equipe assistiu às entrevistas com os clientes. Um a um, os apreciadores de café fizeram compras em diversos sites, com os três protótipos da Blue Bottle inseridos entre os concorrentes. (Para não enviesar a opinião dos clientes, demos um nome falso a cada protótipo.)

Padrões foram surgindo. E a loja com as prateleiras de madeira, sobre a qual colocamos tantas expectativas? Achamos o protótipo lindo, mas os clientes disseram que era "cafona" e "pouco confiável". Contudo, os outros dois protótipos se saíram bem melhor. O design que perguntava "Como você faz café em casa?" teve um desempenho impecável, e o design com "bastante texto" nos chocou: as pessoas de fato *leram* tudo aquilo, e a informação extra deu vida à voz e à expertise da Blue Bottle. Como um cliente disse: "Esses caras entendem muito de café."

James e a equipe da Blue Bottle ganharam confiança com o sprint. Estavam muito mais perto de definir como a loja on-line funcionaria. E o melhor: fizeram isso seguindo fielmente seus princípios de hospitalidade. Acreditavam que a loja on-line podia ser uma autêntica experiência Blue Bottle.

Alguns meses depois, a companhia lançou seu novo site, e o crescimento das vendas on-line dobrou. No ano seguinte, adquiriram uma empresa para realizar assinaturas. Com uma equipe maior e uma nova tecnologia, expandiram a loja virtual e começaram a fazer experiências com novos produtos. Eles sabiam que levaria anos para acertar a loja on-line — mas, com o sprint, iniciaram a jornada.

Quanto maior o desafio, melhor o sprint

Se você está iniciando um projeto que vai levar meses ou anos — como a Blue Bottle e sua nova loja on-line —, um sprint será um ótimo pontapé inicial. Mas os sprints não são apenas para projetos de longo prazo. Aqui estão três situações desafiadoras em que os sprints podem ajudar:

Altos riscos
Como a Blue Bottle Coffee, você está diante de um grande problema, e a solução vai demandar muito tempo e dinheiro. É como se você fosse o capitão de um navio. Um sprint é sua chance de conferir os mapas de navegação e virar o leme na direção certa antes de seguir viagem a todo vapor.

Tempo insuficiente
Você está com um prazo apertado, como a Savioke, que tentava terminar seu robô a tempo para o teste no hotel. É preciso achar boas soluções, e rápido. Como o nome sugere, a essência do sprint é a velocidade.

Simplesmente estagnado
É difícil iniciar alguns projetos importantes. Outros perdem o ritmo ao longo do caminho. Nessas situações, um sprint pode agir como um propulsor: uma nova abordagem para solução de problemas que o ajuda a escapar das garras da gravidade.

Quando conversamos com as startups sobre os sprints, nós as encorajamos a atacar seu problema mais importante. Conduzir um sprint requer bastante energia e foco. Não se limite a ganhos pequenos, ou ao "projeto bom de se ter", pois ninguém vai se empenhar ao máximo. Para início de conversa, eles talvez nem reservem suas agendas integralmente ao sprint.

Então, como saber quando o grande é grande demais? Claro, os sprints são ótimos para sites e outros desafios envolvendo softwares. Mas e quanto aos problemas enormes, complicados?

Não faz muito tempo, Jake visitou seu amigo David Lowe, vice-presidente da Graco, empresa que produz bombas-d'água e pulverizadores. A Graco não é uma startup pequena. É uma multinacional que está no mercado há mais de noventa anos.

A empresa estava desenvolvendo um novo tipo de bomba industrial — uma máquina usada para linhas de montagem. David se perguntava se um sprint poderia ajudar a diminuir os riscos do projeto. Afinal, seriam necessários dezoito meses e milhões de dólares para projetar e produzir a nova bomba. Como ele poderia ter certeza de que estava no caminho certo?

Jake não sabe nada sobre linhas de montagem industriais, mas, por curiosidade, participou de uma reunião com a equipe de engenheiros. "Vou ser sincero", disse ele. "Uma bomba industrial parece uma coisa complicada demais para gerar um protótipo e ser testada em uma semana."

No entanto, a equipe não estava disposta a desistir tão facilmente. Se o prazo era de apenas cinco dias, poderiam produzir um protótipo para o folder, apresentando as novas especificações da bomba, e visitar compradores em potencial. Esse tipo de teste poderia render respostas sobre as chances do produto no mercado.

Porém, e a bomba propriamente dita? Os engenheiros também tinham ideias quanto à máquina. Para testar seu uso, poderiam imprimir novos aparatos com a impressora 3-D e fixá-los nas bombas que já existiam. A fim de testar a instalação, poderiam levar cabos e mangueiras para fábricas vizinhas e registrar a reação dos funcionários da linha de montagem. Esses testes não seriam perfeitos, mas responderiam a questões cruciais antes de as bombas serem fabricadas.

Jake estava errado. A bomba industrial não era complicada demais para um sprint. A equipe de engenheiros aceitou o prazo de cinco dias e usou seus conhecimentos na área para pensar com criatividade. Dividiram o desafio em questões importantes, e então os atalhos começaram a surgir.

A lição? Nenhum problema é grande demais para um sprint. Sim, essa declaração parece absurda, mas é verdadeira por duas boas razões. Em primeiro lugar, o sprint força a equipe a se concentrar nas questões mais urgentes. Em segundo, permite que você aprenda a partir da superfície do que seria o produto final. A Blue Bottle pôde usar uma apresentação de slides para produzir o protótipo de um site — antes de terem programado o software e os processos de inventário para fazê-lo funcionar. A Graco conseguiu usar um folder para criar o protótipo de uma apresentação para venda — antes mesmo de terem projetado e construído o produto que venderiam.

Resolva a superfície primeiro

A superfície de um produto ou serviço é importante. É ela que seus clientes veem. Os seres humanos são complexos e inconstantes, por isso é impossível prever como vão reagir a uma nova solução. Quando nossas ideias dão errado, geralmente é porque confiamos demais no entendimento e no engajamento dos clientes.

Acerte na superfície, e então você poderá trabalhar de trás para a frente e chegar aos sistemas e à tecnologia subjacentes. Concentrar-se na superfície permite que você avance rápido e chegue a respostas importantes antes de se comprometer com a execução — e é por isso que qualquer projeto, independentemente do tamanho, pode se beneficiar de um sprint.

2

Equipe

Onze Homens e Um Segredo, estrelado por George Clooney e Brad Pitt,[1] é um dos melhores filmes sobre grandes roubos de todos os tempos. No longa, Danny Ocean, um ex-presidiário interpretado por Clooney, organiza uma gangue de criminosos experientes para o assalto de suas vidas. O alvo: um cassino de Las Vegas na noite de uma grande luta de boxe, quando 150 milhões de dólares vão estar no cofre. Todas as probabilidades estão contra eles, o tempo está passando, e serão necessárias uma estratégia complexa e cada habilidade especial dos membros da equipe para que alcancem o objetivo. Há um batedor de carteiras, um cara especializado em explosivos e até um acrobata. É cinema de excelente qualidade.

Um sprint lembra aquele roubo perfeitamente orquestrado. Você e o time aplicam talentos, tempo e energia da melhor forma, enfrentando um imenso desafio e usando a inteligência (e alguns

[1] Ou Frank Sinatra e Dean Martin, se você preferir a versão original.

truques) para superar todos os obstáculos. Para ser bem-sucedido, é necessário ter a equipe certa. Talvez você não precise de um batedor de carteiras, mas sim de um líder e de habilidades diversas.

Se quiser montar a equipe perfeita para um sprint, primeiro vai precisar de um Danny Ocean: alguém com autoridade para tomar decisões. Essa pessoa é o Definidor, um papel tão importante que o escrevemos com inicial maiúscula. O Definidor é quem oficialmente toma as decisões no projeto. Em muitas startups com as quais trabalhamos, essa pessoa é o fundador ou o CEO. Em companhias maiores, pode ser o vice-presidente, um gerente de produto ou outro líder. Esses Definidores, em geral, entendem o problema profundamente e com frequência têm opiniões fortes e critérios que ajudam a encontrar a solução certa.

Tomemos como exemplo o sprint da Blue Bottle. Ter o CEO James Freeman na equipe foi fundamental. Ele estava lá para falar sobre os valores centrais da empresa e compartilhar sua visão para uma loja on-line que estivesse à altura de seus padrões de hospitalidade. Escolheu os esboços que mais se alinhavam a essa visão. Além disso, sabia como os baristas eram treinados, detalhe que propiciou uma solução surpreendente.

No entanto, não é só a expertise e a visão que tornam os Definidores tão cruciais. Há outra razão importante para o envolvimento deles no sprint, e descobrimos isso do jeito mais difícil. Um dos primeiros sprints que fizemos foi um grande fracasso. Para proteger os inocentes, vamos chamar a companhia de SquidCo.[2] Mas vamos dar os nomes de quem não foi inocente: Jake, John e Braden. Nós estragamos tudo.

2 Incluímos no livro várias histórias de sprints que deram errado. Depois de muita deliberação, decidimos usar nomes falsos para as companhias e as pessoas envolvidas. O anonimato permite que sejamos honestos sobre o que deu errado sem constranger nossos amigos. Esperamos que vocês compreendam.

Na ocasião, convidamos todo mundo da equipe da SquidCo que estava envolvido no projeto. Ou melhor, todo mundo menos uma pessoa: Sam, o diretor de produtos da empresa. Sam faria uma viagem, mas a semana escolhida seria um bom período para todos os outros. Ajudamos, então, a SquidCo a conduzir um sprint. Eles fizeram um protótipo e o testaram. O protótipo se saiu bem com os clientes, e a equipe estava pronta para começar a desenvolvê-lo.

No entanto, quando Sam voltou, o projeto foi encerrado. O que aconteceu? O teste tivera bons resultados, mas ele achou que não tínhamos escolhido o problema certo para resolver. Havia prioridades mais importantes para a equipe.

O sprint da SquidCo foi um fracasso por nossa culpa. Tentamos adivinhar o que Sam diria e falhamos. O Definidor *deveria* ter estado conosco.

Encontre um Definidor (ou dois)

O Definidor deve estar envolvido no sprint. Se você, caro leitor, é o Definidor, cancele todos os compromissos de sua agenda e vá para a sala. Se não é, precisa convencer o Definidor a participar. Talvez você fique nervoso; afinal, é um tempo considerável para dedicar a um novo processo. Se seu Definidor relutar, experimente um ou mais dos seguintes argumentos:

Progresso rápido

Enfatize o progresso que vocês farão no sprint: em apenas uma semana, vão ter um protótipo realista. Alguns Definidores não se empolgam muito com testes com consumidores (pelo menos não até presenciarem um em primeira mão), mas quase todo mundo adora resultados rápidos.

É um experimento
Considere seu primeiro sprint um experimento. No fim, o Definidor pode ajudar a avaliar sua eficácia. Descobrimos que muitas pessoas que hesitam em mudar o modo como trabalham estão abertas a um experimento único.

Explique o preço
Mostre ao Definidor uma lista de reuniões importantes e tarefas que sua equipe deixará de cumprir durante a semana do sprint. Diga a ele quais itens você vai pular e quais vai adiar, e por quê.

Tudo depende do foco
Seja sincero quanto a suas motivações. Se a qualidade de seu trabalho está ruindo porque o cronograma regular da equipe está muito disperso, diga isso. Fale para o Definidor que, em vez de fazer um trabalho passável em tudo, você fará um excelente em uma tarefa específica.

Se o Definidor aceitar o sprint, mas não puder dedicar uma semana ao projeto, convide-o para se juntar a você em alguns pontos-chave. Na segunda-feira, ele poderá apresentar sua perspectiva em relação ao problema. Na quarta, pode ajudar a escolher a ideia certa para o teste. E, na sexta, pode aparecer para checar a reação dos clientes ao protótipo.

Se vai ter apenas algumas participações especiais, o Definidor precisa de um representante oficial na sala. Em muitos de nossos sprints com startups, o CEO aponta uma ou duas pessoas da equipe do sprint para agir como Definidor quando ele estiver ausente. Em certa ocasião, o CEO enviou um e-mail para o diretor de design que dizia: "Pelo presente instrumento, concedo-lhe autoridade para tomar decisões neste projeto." Absurdo? Sim. Eficaz? Com certeza. Essa transferência oficial de poder proporcionou uma clareza tremenda, o tipo de clareza que gostaríamos de ter tido no caso da SquidCo.

Porém, e se seu Definidor não acreditar que o sprint vai valer a pena? Se nem sequer estiver disposto a fazer contribuições pontuais? Pare! Você está diante de um grande alerta vermelho. Talvez esteja com o projeto errado. Não se apresse, converse com o Definidor e descubra qual grande desafio seria melhor.[3]

Depois que obtiver o compromisso de um Definidor (ou de dois) com o sprint, é hora de montar a equipe. São as pessoas que vão estar na sala com você o dia todo, todos os dias, durante o processo. Na segunda-feira, vão trabalhar com você para entender o problema e escolher uma parte em que se concentrar. Ao longo da semana, serão eles que vão esboçar as soluções, criticar as ideias, construir o protótipo e assistir às entrevistas com os clientes.

Sete homens e um segredo

Descobrimos que o tamanho ideal para a equipe em um sprint é de sete pessoas ou menos. Com oito membros, nove, ou mais, o sprint avança com mais lentidão, e o esforço para manter todos concentrados e produtivos será maior. Com sete ou menos pessoas, tudo é mais fácil. (Sim, sim, sabemos que havia onze pessoas em *Onze Homens e Um Segredo*. Mas é só um filme!)

Então, quem você deve incluir? É claro que vai querer gente que desenvolve o produto ou executa o serviço — engenheiros,

[3] Exceção à regra: há casos em que membros de uma equipe vão deliberadamente *contra* a gerência por estarem convencidos de que um protótipo e dados reais vão provar que estão certos. Se sua equipe decidiu conduzir um sprint à revelia do Definidor oficial, prossiga com cuidado. Aplaudimos sua coragem, mas lembre-se de que é comum Definidores jogarem resultados fora quando não participam do sprint.

designers, gerentes de produto etc. Afinal, eles sabem como os produtos e serviços de sua companhia funcionam, e talvez já tenham algumas ideias sobre o problema em questão.

Porém, você não deve limitar a equipe de seu sprint somente aos integrantes que em geral trabalham juntos. Os sprints dão mais certo com uma mistura de pessoas: os principais executores combinados a alguns experts com conhecimento especializado.

No sprint da Savioke, ótimas ideias vieram de quem já esperávamos, como os roboticistas e o designer-chefe. Contudo, no fim, um dos membros que fez mais contribuições foi Izumi Yaskawa. Izumi não fazia parte do time que construiu o robô, mas, como gerente de desenvolvimento de negócios, sabia mais do que ninguém sobre como os hotéis operavam e o que queriam do robô.

Para a Blue Bottle Coffee, recebemos informações importantes da gerente de atendimento ao consumidor e do diretor financeiro, pessoas que normalmente não estariam envolvidas no desenvolvimento de um site. Em outros sprints, conseguimos soluções fantásticas de cardiologistas, matemáticos e consultores agrônomos. Quais traços eles tinham em comum? Além de contarem com um profundo conhecimento, estavam entusiasmados com o desafio. Essas são as pessoas que você deve ter em seu sprint.

Recrute uma equipe de sete integrantes (ou menos)

Escolher quem incluir nem sempre é fácil, então criamos um tutorial. Você não precisa incluir todos os papéis listados aqui. E, para algumas funções, pode escolher duas ou três pessoas. Lembre-se apenas de que toda mistura é bem-vinda.

Definidor

Quem toma as decisões em sua equipe? Talvez seja o CEO, ou talvez seja apenas o "CEO" do projeto em

questão. Se ele não puder participar em tempo integral, certifique-se de que possa fazer pelo menos duas aparições e de que delegue um Definidor (ou dois) que esteja presente o tempo todo.
Exemplos: CEO, fundador, gerente de produto, designer-chefe.

Especialista em finanças
Quem pode explicar de onde vem (e para onde vai) o dinheiro?
Exemplos: CEO, diretor financeiro, gerente de desenvolvimento de negócios.

Especialista em marketing
Quem formula as mensagens de sua empresa?
Exemplos: diretor de marketing, marqueteiro, relações-públicas, gerente de comunidades.

Especialista no consumidor
Quem tem o papel de falar diretamente com os consumidores?
Exemplos: pesquisador, vendas, atendimento ao cliente.

Especialista em tecnologia/logística
Quem entende melhor o que sua companhia pode produzir e vender?
Exemplos: diretor técnico, engenheiro.

Especialista em design
Quem faz o design para o que sua companhia produz?
Exemplos: designer, gerente de produto.

A palavra "equipe" já está gasta, mas, em um sprint, uma equipe é realmente uma *equipe*. Vocês vão trabalhar lado a lado durante cinco dias. Na sexta-feira, já vão ser uma máquina de resolver problemas e compartilharão um entendimento profundo do desafio e das possíveis soluções. Essa atmosfera de colaboração torna o sprint um ótimo momento para incluir pessoas que não necessariamente concordam com você.

Inclua o criador de caso

Antes de cada sprint, nós nos perguntamos: quem pode causar problemas se não for incluído? Não nos referimos às pessoas que discordam só por discordar, mas às pessoas inteligentes que têm opiniões contrárias fortes — alguém que você pode se sentir pouco à vontade para incluir em seu sprint.

Este conselho serve, em parte, para sua própria defesa. Se estiver na sala, mesmo que apenas como espectador, o criador de casos vai se sentir incluído no projeto e digno de confiança. No entanto, há uma razão mais importante. Criadores de caso enxergam problemas de um modo diferente de qualquer outra pessoa. A ideia louca dele para resolver o problema pode estar certa. E, mesmo que esteja errada, a presença de um ponto de vista discordante vai servir de incentivo para que todo mundo trabalhe melhor.

Há uma linha tênue entre um rebelde e um idiota, mas não evite pessoas só porque elas discordam de você. Como verá ao longo deste livro, o processo do sprint transforma ideias concorrentes em uma vantagem.

Muitas vezes, quando listamos todas as pessoas que queremos em um sprint, descobrimos que queremos mais de sete. Sem problemas. Esse é o sinal de uma equipe forte! Mas você terá que tomar decisões difíceis. Não podemos lhe dizer quais pessoas incluir no grupo de sete, mas podemos facilitar o processo dizendo o que fazer com o restante.

Agende outros especialistas para a segunda-feira

Se você acha que mais de sete pessoas deveriam participar do sprint, agende os adicionais para uma visita rápida como "especialistas" na tarde da segunda-feira. Durante a visita, eles podem dizer ao restante do time o que sabem e compartilhar suas opiniões. (Vamos contar tudo sobre o processo Pergunte aos especialistas a partir da página 91.) Meia hora deve ser o bastante para cada especialista. É uma forma eficiente de aumentar a diversidade de perspectivas e ao mesmo tempo manter a equipe pequena e ágil.

Agora, você tem seu Definidor, seus sprinters e alguns especialistas extras vindo para visitas. Seu time está completo. Exceto... ah, sim. Alguém precisa conduzir o sprint.

Escolha um Facilitador

O personagem de Brad Pitt em *Onze Homens e Um Segredo*, Rusty Ryan, é o cara da logística. Ele mantém o assalto em andamento. Você precisa de alguém para ser o Rusty Ryan de seu sprint. Essa pessoa é o Facilitador, responsável pela administração do tempo, do debate e do processo em geral. Ele precisa ter confiança para liderar uma reunião, inclusive para resumir conversas e dizer às pessoas que é hora de parar de falar e seguir em frente. É um trabalho importante. E, como é você que está lendo o livro, talvez seja um bom candidato.

O Facilitador precisa permanecer imparcial no tocante às decisões, então não é uma boa ideia um só indivíduo acumular os papéis de Definidor e Facilitador. Muitas vezes, algo que funciona bem é trazer alguém de fora, que normalmente não trabalha com sua equipe, para ser o Facilitador, embora isso não seja um requisito.

Este livro foi escrito para ser tão útil para o Facilitador quanto para qualquer outra pessoa que esteja interessada em sprints. Se você vai ser o Facilitador, descobrirá que o texto está diretamente relacionado a você e às atividades por meio das quais conduzirá sua equipe da manhã da segunda até a tarde da sexta. Mas, mesmo que não seja o Facilitador, tudo também fará sentido para você.

Um dos grandes prazeres de assistir ao desenrolar de *Onze Homens e Um Segredo* é ver como cada membro da equipe utiliza sua habilidade única para ajudar a realizar o assalto. Você sabe que todos os personagens estão no roteiro por uma razão, mas não tem certeza do que vão fazer até a hora de agir.

Com os sprints, acontece o mesmo. Cada especialista na sala dará uma contribuição essencial — seja com informações básicas, uma nova ideia ou até uma observação inteligente a respeito de seus clientes. É impossível prever com exatidão o que as pessoas vão dizer e fazer. Mas, com a equipe certa, soluções inesperadas vão surgir.

3

Tempo e espaço

O dia típico no escritório é mais ou menos assim:

Esse dia é longo e agitado, mas não necessariamente *produtivo*. Cada reunião, e-mail e telefonema fragmenta a atenção e impede que o trabalho de verdade seja feito. Se combinadas, essas interrupções são um ninho de vespas que atormenta a produtividade.

Existem pilhas de estudos sobre o custo da interrupção. Pesquisadores da Universidade George Mason descobriram que pessoas escrevem textos mais curtos e de menor qualidade quando interrompidas no meio do trabalho. Pesquisadores da Universidade da Califórnia em Irvine relataram que leva em média 23 minutos para que um profissional interrompido retome suas tarefas. (Planejamos ler mais sobre esses estudos logo depois de respondermos a uma mensagem de texto aqui.)

Não há dúvidas: a fragmentação prejudica a produtividade. É claro que ninguém *quer* trabalhar assim. Todos nós desejamos concluir uma tarefa importante. E sabemos que o trabalho mais relevante, sobretudo o tipo de esforço criativo necessário para resolver grandes problemas, requer longos e ininterruptos espaços de tempo.

Este é um dos melhores aspectos de um sprint: dar a liberdade para você trabalhar do modo que quiser, com uma agenda sem compromissos e um objetivo importante a ser cumprido. Não há mudanças de contexto entre projetos diferentes, e tampouco interrupções aleatórias. Um dia de sprint é assim:

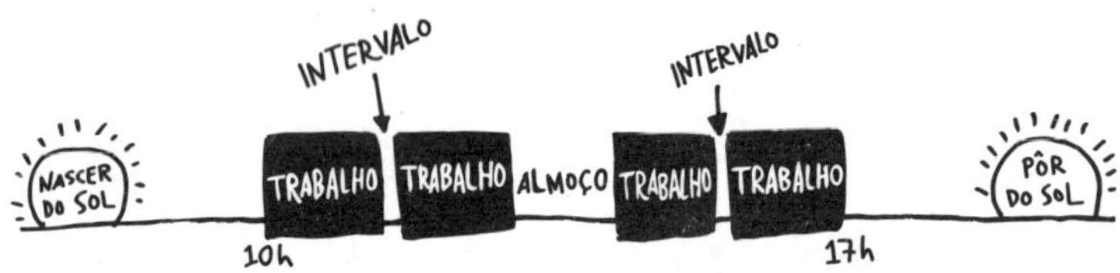

Você começará às dez da manhã e terminará às cinco da tarde, com uma hora de almoço no meio. Isso mesmo: um dia típico de sprint só inclui seis horas de trabalho. Um dia mais longo não rende resultados melhores. Reunindo as pessoas certas, estruturando as atividades e eliminando as distrações, descobrimos que é possível fazer um progresso rápido com um cronograma razoável.

Os sprints requerem alta dose de energia e foco, mas a equipe não conseguirá aplicar tamanho esforço se estiver estressada ou exausta. Começando às dez da manhã, damos tempo para que todos chequem seus e-mails e se sintam dispostos antes do início do dia. Terminando antes de todo mundo estar cansado demais, garantimos que os níveis de energia permaneçam altos ao longo da semana.

Reserve cinco dias inteiros no calendário

Esta etapa é óbvia, mas importante. A equipe do sprint deve estar na mesma sala da segunda até a quinta, das dez da manhã às cinco da tarde. O teste da sexta começa um pouco mais cedo, às nove.

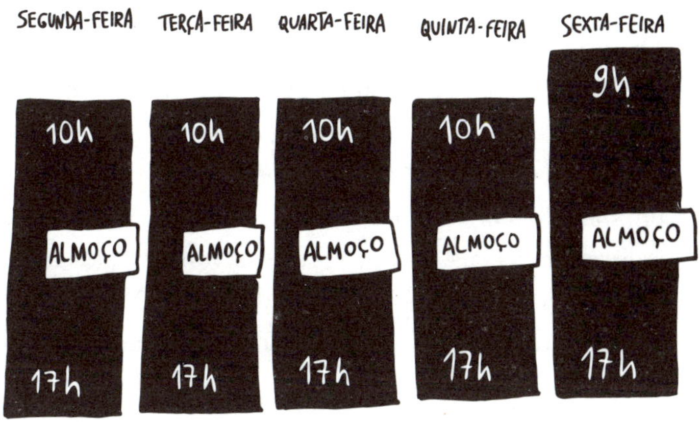

Por que cinco dias? Já experimentamos fazer sprints mais curtos, que, no entanto, foram exaustivos e não nos deram o tempo necessário para desenvolver e testar um protótipo. Experimentamos um sprint de seis semanas, um sprint de um mês e um de dez dias. Nunca alcançamos muito mais do que fazíamos em uma semana. Com os fins de semana, a continuidade se perdia. As distrações e a procrastinação ganhavam espaço. Além disso, mais tempo para trabalhar nos deixava mais apegados a nossas ideias e, com isso, menos dispostos a aprender com colegas ou clientes.

Cinco dias propiciam a sensação de urgência necessária para aumentar o foco e cortar os debates desnecessários, mas também espaço suficiente para construir e testar um protótipo sem que se trabalhe à exaustão. E, como a maioria das companhias adota uma semana de cinco dias, é viável reservar esse período no cronograma.

Sua equipe fará um rápido intervalo de manhã (por volta das 11h30), tirará uma hora para o almoço (por volta de uma da tarde) e terá um rápido intervalo à tarde (por volta das 15h30). Esses intervalos serão uma válvula de escape, permitindo que as pessoas descansem o cérebro e se atualizem a respeito do trabalho sendo feito fora do sprint.

Dentro da sala, todo mundo vai se concentrar 100% no desafio. A equipe toda deve desligar os laptops e guardar os celulares.

A proibição dos aparelhos eletrônicos

Em um sprint, o tempo é precioso, e não podemos nos dar ao luxo de ter distrações na sala. Assim, temos uma regra simples: **não são permitidos laptops, celulares nem iPads na sala.** Nada de óculos de realidade virtual. Se você estiver lendo este livro no futuro, nada de hologramas. Se estiver lendo no passado, nada de Game Boys.

Esses dispositivos podem tirar o ritmo do sprint. Se estiver olhando para uma tela, você não estará prestando atenção no que acontece na sala, então não poderá ajudar a equipe. Pior ainda, está inconscientemente dizendo: "Este trabalho não é interessante."

No início, abandonar esses dispositivos pode ser incômodo, mas é libertador. E não se preocupe, você não está completamente isolado. A fim de garantir que ninguém vá perder algo importante, há duas exceções para essa regra:

1. **É permitido checar o celular no intervalo.**
2. **É permitido sair da sala para checar seu aparelho.** A qualquer momento. Sem julgamentos. Atenda a um telefonema, cheque um e-mail, dê uma tuitada, o que seja — mas faça lá fora.

Também usamos aparelhos para alguns propósitos específicos: quando precisamos mostrar algo para toda a equipe e, na quinta-feira, para o desenvolvimento do protótipo. Está vendo? Não somos tão malvados.

Avise às pessoas com antecedência que o sprint não permitirá aparelhos e também que podem sair da sala a qualquer momento. Essa brecha permite que indivíduos ocupados participem do sprint sem deixar de acompanhar seus trabalhos habituais. A combinação entre uma agenda livre de compromissos e o banimento dos aparelhos eletrônicos dará a sua equipe uma imensa dose de atenção. Para tirar o máximo do tempo e do foco garantidos, você vai precisar de um bom espaço de trabalho. Não precisa ter luxo, mas alguns quadros brancos.

Quadros brancos nos tornam mais inteligentes

A BadgerCo (mais uma vez, não estamos usando o nome verdadeiro da empresa) tinha uma das sedes mais bonitas que já vimos em São Francisco. Um ponto privilegiado no SoMa, um prédio remodelado com vigas de madeira expostas, concreto polido e muito, mas muito vidro. Contudo, havia um problema: o quadro branco.

Para começar, ele era minúsculo. Tinha no máximo noventa centímetros de largura. A superfície estava meio cinzenta, meio rosada, depois de ter sido escrita e apagada tantas vezes, e a mancha *não* saía de jeito nenhum, não importava o quanto tentássemos limpar. A BadgerCo também sofria de um mal comum em ambientes de trabalho: pincéis atômicos gastos. O resultado era uma tinta cinza sobre um quadro cinza... não é uma boa receita para a visibilidade.

A pequena área de superfície do quadro branco estava nos atrapalhando. Desenhamos um mapa mostrando como os usuários descobririam o novo aplicativo da BadgerCo, e quase todo o espaço disponível foi coberto. Em seguida, o engenheiro-chefe da empresa começou a explicar como funcionavam seus planos de assinatura. A estrutura do plano era importante, então Braden fez o melhor para capturá-la no que restava do quadro.

Mas simplesmente não havia espaço. Durante alguns minutos, Braden tentou dar uma de MacGyver, escrevendo palavras apertadas nas margens e até colando folhas de caderno na parede. Por fim, anunciamos um intervalo e fomos até uma loja de materiais de escritório para comprar um daqueles flip charts gigantes com notas autoadesivas. Isso nos custou cerca de uma hora e meia, e nos valeu uma lição importante: checar os quadros brancos antes do início do sprint.

Por que perdemos noventa minutos com a BadgerCo só para arranjar mais espaço para escrever? Descobrimos que a mágica acontece quando usamos grandes quadros brancos para resolver problemas. Como seres humanos, nossa memória de curto prazo não é tão boa, mas nossa memória espacial é incrível. Uma sala de sprint coberta com notas, diagramas, impressões e outras coisas tira vantagem dessa memória espacial. A própria sala torna-se uma espécie de cérebro compartilhado para a equipe. Como nosso amigo Tim Brown, CEO da companhia de design IDEO, escreve em seu livro *Change by Design*: "A visibilidade simultânea do material do projeto permite-nos identificar padrões e faz com que a síntese criativa ocorra muito mais rápido do que quando os recursos estão escondidos em pastas de arquivos, cadernos ou apresentações de PowerPoint."

Providencie dois grandes quadros brancos

Você vai precisar de, no mínimo, dois grandes quadros brancos. Isso lhe dará espaço suficiente para realizar a maioria das atividades do sprint (ainda será necessário tirar fotos, bem como apagar e reorganizar o quadro ao longo do trabalho) e para manter as anotações mais importantes à mostra durante toda a semana. Se já não houver dois quadros montados na sala do sprint, existem algumas formas simples de acrescentar mais:

Quadros brancos giratórios

Esses quadros vêm em tamanhos pequenos e gigantes. Os pequenos têm muito espaço que não pode ser utilizado até o chão e tremem quando desenhamos. Os gigantes são muito caros, mas têm bem mais utilidade.

IdeaPaint

A IdeaPaint é uma tinta que transforma paredes comuns em quadros brancos. Funciona muito bem em paredes lisas, e não tão bem em paredes de superfície crespa. Um conselho: se você usar a IdeaPaint, certifique-se de pintar *todas* as paredes. Se não fizer isso, será apenas uma questão de tempo antes de alguém escrever na parede sem IdeaPaint por acidente.

Papel

Se não conseguir quadros brancos, papel é melhor do que nada. Os flip charts custam caro, mas são de fácil organização, e basta trocá-los quando se comete um erro. O papel pardo proporciona uma área de superfície e tanto, mas colá-lo na parede requer um bocado de criatividade.

O ideal é conduzir seu sprint na mesma sala o dia inteiro, todos os dias. Infelizmente, isso nem sempre é possível. Ficamos surpresos ao ver quantas empresas reservam espaço para mesas de totó, video games e até salas de música (tudo muito divertido, mas quase nunca usado), porém não conseguem dedicar uma única sala a seu projeto mais importante. Se tiver que compartilhar uma sala em seu sprint, tente conseguir quadros brancos giratórios que possam ser levados para onde você for. Não deixe que o "cérebro compartilhado" da equipe seja apagado da noite para o dia.

Mesmo que não tenha uma sala exclusiva, você pode improvisar um espaço usando quadros brancos giratórios como divisórias. É como se fosse uma volta à infância, construindo fortes com cadeiras e cobertores. Cole coisas na parede, mude móveis de lugar — faça o que for preciso para criar um bom espaço de trabalho.

Providencie o material apropriado

Antes de começar seu sprint, você vai precisar de alguns materiais básicos de escritório, incluindo notas autoadesivas, pincéis atômicos para quadro branco, canetas, Time Timers (veja nas páginas seguintes) e papel para impressora. Também precisará de lanchinhos saudáveis para manter a energia da equipe. Temos uma opinião clara quanto aos melhores suprimentos, então incluímos uma lista de compras no fim do livro.

NOTAS AO FACILITADOR

O relógio mágico

"Quanto tempo falta?" No outono de 1983, Jan Rogers ouvia essa pergunta dezenas de vezes por dia em casa, na cidade de Cincinnati. Sua filha de quatro anos, Loran, tinha uma curiosidade incomum sobre questões que envolviam o tempo. Jan experimentou todas as respostas concebíveis:

"Até o ponteiro menor chegar aqui."

"Até o alarme tocar."

"Dois episódios de *Vila Sésamo*."

Não importava o que Jan dissesse, a pequena Loran simplesmente não entendia. Dessa forma, Jan saiu à procura de um relógio melhor. Ela tentou relógios digitais e analógicos. Tentou temporizadores de cozinha e alarmes. Varreu os shoppings de Cincinnati à procura de um relógio que pudesse tornar a ideia abstrata do tempo mais clara para uma criança de quatro anos. Mas nada funcionava. *Não vou desistir*, pensou Jan. *Vou inventar um relógio se for preciso*. E foi o que ela fez.

Naquela tarde, Jan sentou-se à mesa da cozinha com tesouras e uma pilha de papel e papelão e começou a fazer experimentos. "Aquele primeiro protótipo era muito simples", relembra. "Um prato de papel vermelho cortado para deslizar sobre um prato de papel branco. Tudo era manual, então eu precisava movimentar os pratos para marcar a passagem do tempo."

Loran entendeu, e Jan se deu conta de que havia encontrado algo interessante. Ela chamou a invenção de "Time Timer". A princípio, Jan produziu os relógios no porão, usando fitas adesivas dupla face para colar as peças. Gradualmente, transformou o Time Timer em um empreendimento. Hoje, é a CEO de um negócio multimilionário, e podemos encontrar Time Timers em salas de aula do mundo inteiro, de jardins de infância em Amsterdã à Universidade de Stanford.

O Time Timer propriamente dito é um objeto de beleza simples. Mantendo-se fiel ao design original de Jan, o aparelho possui um disco vermelho que se move com o tempo. Isso transforma a passagem abstrata do tempo em algo vívido e concreto. Quando Jake viu o Time Timer pela primeira vez, na sala de aula do filho, ele se apaixonou. "Por favor", falou para a professora. "Você pode me dizer onde se compra um desses?" Afinal, se o relógio funcionava para alunos da pré-escola, deveria ser perfeito para CEOs. E foi.

Usamos Time Timers em nossos sprints para marcar pequenos blocos de tempo, desde três minutos a uma hora. Esses prazos minúsculos dão a todos um senso adicional de foco e urgência. É claro que existem várias maneiras de marcar o tempo que não requerem um dispositivo especial, mas o Time Timer vale o custo extra. Como é um objeto mecânico grande, é visível para todos os presentes na sala de um modo que nenhum aplicativo para smartphone ou iPad jamais poderia ser. E, ao contrário de um relógio tradicional, não precisamos fazer cálculos ou memorizar nada para ver quanto tempo ainda temos. Quando o tempo é visível, torna-se fácil entendê-lo e discuti-lo, o que é tão importante para uma equipe de profissionais quanto era para Loran, a filha de Jan.

Se você é o Facilitador, usar o Time Timer traz dois benefícios. Em primeiro lugar, dá a impressão de que você sabe o que está fazendo. Afinal, tem um relógio maluco! Em segundo, embora a maioria jamais vá admitir, as pessoas gostam de ter um prazo apertado. Isso acrescenta confiança ao processo do sprint, e também a você como Facilitador.

Jake gosta de fazer um pequeno adendo antes de apresentar o Time Timer, pois cronometrar as pessoas enquanto conversam pode ser constrangedor. Ele diz algo como:

"Vou usar este cronômetro para manter o ritmo das coisas. Quando o aparelho disparar, verificamos se é possível avançar para o próximo tópico. Se você estiver falando quando a campainha soar, continue falando, pois acrescentarei um pouco mais de tempo. É apenas uma diretriz, não um alarme de incêndio."

Quando você iniciar o Time Timer pela primeira vez, talvez as pessoas arregalem os olhos e a pressão aumente um pouco. Mas dê uma chance ao aparelho. À tarde, todos já terão se acostumado, e é provável que queiram levá-lo consigo depois do sprint.

Segunda-feira

As discussões estruturadas da segunda-feira criam um caminho para a semana do sprint. De manhã, você **começará pelo fim** e escolherá um objetivo de longo prazo em consenso com o grupo. Em seguida, traçará um **mapa** do desafio. À tarde, **pedirá aos especialistas** da companhia que compartilhem seus conhecimentos. Por fim, escolherá um **alvo**: uma parte ambiciosa, mas viável, do problema que possa ser solucionada em uma semana.

4

Comece pelo fim

Todo mundo conhece a história da *Apollo 13*, mas, só para garantir: astronautas vão para a Lua, explosão na espaçonave, retorno tenso à Terra. Na versão cinematográfica que Ron Howard dirigiu em 1995, há uma cena em que a equipe do Centro de Controle de Missão se reúne ao redor de um quadro-negro para elaborar um plano.

Gene Kranz, o diretor de voo, usa um colete branco, um corte à escovinha e tem uma expressão carrancuda. Ele pega um pedaço de giz e desenha um diagrama simples no quadro. É um mapa exibindo o caminho da nave danificada que parte do espaço sideral, contorna a Lua e (com sorte) chega à superfície da Terra — uma viagem que leva mais de dois dias. O objetivo é claro: a fim de trazer os astronautas para casa a salvo, o Controle de Missão precisa mantê-los vivos e no curso certo a cada minuto da jornada.

No decorrer do filme, Kranz retorna ao objetivo no quadro-negro. Em meio ao caos do Controle de Missão, o simples diagrama ajuda a manter a equipe concentrada nos problemas certos. Primeiro, eles corrigem o curso da nave para garantir que ela não mude de direção e se perca no espaço. Em seguida, substituem um filtro de ar danificado para que os astronautas possam respirar. E só depois voltam a atenção para uma aterrissagem segura.

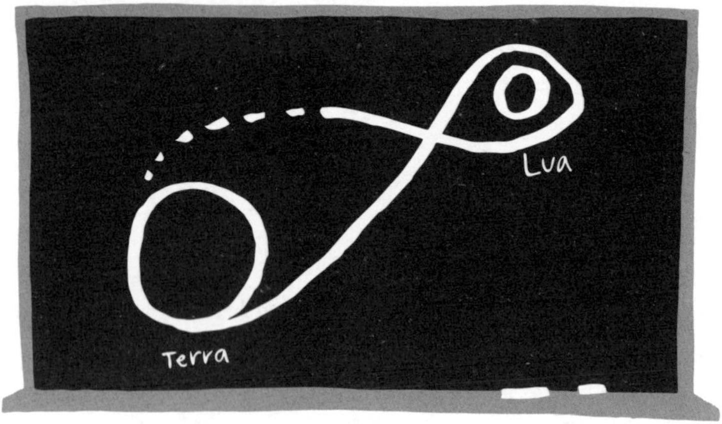

O quadro-negro do Controle de Missão era mais ou menos assim.

Quando surge um grande problema, como o desafio que você selecionou para o sprint, é natural querer resolvê-lo de imediato. O tempo está passando, a equipe está entusiasmada, e soluções começam a surgir na mente de todo mundo. Porém, se logo no início você não reduzir o ritmo, compartilhar o que sabe e estabelecer prioridades, pode acabar desperdiçando tempo e energia na parte errada do problema.

Se o Centro de Controle de Missão tivesse se preocupado primeiro com o filtro de ar, eles teriam perdido a oportunidade de corrigir a trajetória, e a *Apollo 13* poderia ter se desviado rumo a Plutão.[1] Em vez disso, a NASA organizou e classificou suas prioridades *antes* de dar início às soluções. Foi uma estratégia inteligente. E é também dessa maneira que sua equipe dará início ao sprint. Aliás (com o luxo de ter oxigênio ilimitado), vocês vão dedicar o primeiro dia inteiro ao planejamento do sprint.

A segunda-feira começa com um exercício que chamamos de **Comece pelo fim**: um olhar sobre o futuro — para o fim da semana do sprint e além. Como Gene Kranz e seu diagrama do retorno ao planeta Terra, você e sua equipe vão determinar o básico: seu objetivo de longo prazo e as questões difíceis que devem ser respondidas.

Começar pelo fim é como receber as chaves para uma máquina do tempo. Se você pudesse dar um salto para o fim do sprint, que perguntas seriam respondidas? Se avançasse seis meses ou um ano no futuro, o resultado do projeto teria melhorado que aspecto em seu negócio? Mesmo quando o futuro parece óbvio, vale a pena reservar a segunda-feira para especificar e escrever suas expectativas. Você começará pelo objetivo de longo prazo do projeto.

Defina um objetivo de longo prazo

Para iniciar a conversa, pergunte a sua equipe:

> "Por que estamos realizando este projeto? Onde queremos estar daqui a seis meses, um ano ou até cinco anos?"

A discussão pode levar de trinta segundos a trinta minutos. Se sua equipe não concordar em relação ao objetivo, ou se houver

1 Plutão, se estiver lendo este livro, ainda acreditamos que você é um planeta.

falta de clareza, não fique constrangido. Promova um debate e chegue a uma conclusão. Reduzir o ritmo pode ser frustrante por um momento, mas a satisfação e a confiança de um objetivo claro vão durar por toda a semana.

Às vezes, estabelecer o objetivo de longo prazo é fácil. A Blue Bottle Coffee sabia aonde queria chegar: distribuir café de qualidade para novos clientes on-line. Eles poderiam ter simplificado o objetivo para "vender mais café on-line", é claro, mas a ideia era manter o padrão da experiência elevado e se desafiar a alcançar novos clientes, não apenas os fãs que já tinham. Assim, escreveram um objetivo de longo prazo que refletia essa ambição.

Em alguns sprints, definir o objetivo de longo prazo requer uma rápida discussão. A Savioke queria alcançar muitas coisas com o robô Relay. O objetivo era aumentar a eficiência da equipe de recepção? Era colocar o máximo possível de robôs no máximo possível de hotéis? A companhia queria se concentrar nos clientes e usar o mesmo objetivo dos hotéis: uma experiência melhor para os hóspedes.

Seu objetivo deve refletir os princípios e as aspirações de sua equipe. Não se preocupe com a possibilidade de ser abrangente demais. O processo do sprint vai ajudá-lo a encontrar um bom ponto de partida e a fazer um progresso real mesmo diante da maior das metas. Após definir um objetivo de longo prazo, escreva-o no topo do quadro branco. O objetivo vai permanecer lá no decorrer do sprint como um farol para manter todos na mesma direção.

—

Ok, é hora de fazer um ajuste de atitude. Enquanto escrevia o objetivo de longo prazo, você estava otimista e imaginou um futuro perfeito. Agora, é hora de ser pessimista. Imagine que você avançou um ano no futuro e o projeto foi um desastre. O que o levou a fracassar? Como seu objetivo saiu errado?

Esgueirando-se sob qualquer meta, há suposições perigosas. Quanto mais tempo essas suposições permanecerem sem análise, maior o risco. Em seu sprint, você terá uma oportunidade de ouro para eliminar hipóteses, transformá-las em perguntas e encontrar algumas respostas.

A Savioke presumia que o robô Relay criaria uma experiência melhor para o hóspede. No entanto, eles foram inteligentes o bastante para imaginar um futuro em que estivessem errados e o robô causasse constrangimento ou confusão. Eles tinham três perguntas importantes para responder: podemos fazer uma entrega sem transtornos? (A resposta foi sim.) Os hóspedes vão achar complicado lidar com o robô? (A resposta foi não, exceto pelo touch screen lento.) E a aposta ousada: alguém vai se hospedar no hotel só por causa do robô? (Surpreendentemente, algumas pessoas disseram que sim.)

Assim como o objetivo, essas perguntas servem para orientar soluções e decisões ao longo do sprint. Oferecem algo como um checklist que você pode consultar durante a semana e avaliar após o teste da sexta-feira.

Liste as perguntas do sprint

Você vai listar as perguntas do sprint em um segundo quadro branco (se houver um). Temos algumas propostas que ajudarão a equipe a pensar em suposições e questões:

- A quais questões queremos responder nesse sprint?
- Para alcançar nosso objetivo de longo prazo, o que precisa acontecer?

- Imaginem que possamos viajar para o futuro e vejamos que nosso projeto fracassou. O que pode ter causado isso?

Uma parte importante do exercício é reformular suposições e obstáculos, transformando-os em perguntas. A Blue Bottle Coffee supôs ser possível transmitir sua expertise por meio de um site, mas, antes do sprint, não sabiam muito bem como fazer isso. Não é difícil identificar uma suposição como a da Blue Bottle e transformá-la em uma pergunta:

P: Para alcançar os consumidores, o que precisa acontecer?
R: Eles precisam confiar em nossa expertise.

P: Como podemos reformular isso em uma pergunta?
R: Os consumidores vão confiar em nossa expertise?

Essa conversa sobre reformulação pode parecer um pouco estranha. Pessoas normais não têm conversas assim (a não ser que sejam em um jogo de perguntas e respostas como *Jeopardy!*). Contudo, transformar esses problemas potenciais em perguntas facilita seu monitoramento — assim como a obtenção de respostas com esboços, protótipos e testes. Também promove a súbita mudança da incerteza (que é desagradável) para a curiosidade (que é empolgante).

Talvez vocês tenham uma ou duas perguntas para o sprint. Sem problemas. Talvez tenham dez ou mais. Sem problemas também. Se chegarem a uma longa lista de perguntas, não se preocupem em decidir quais questões são as mais importantes. Vocês vão fazer isso no fim do dia na segunda-feira, quando escolherem um alvo para o sprint.

Ao começarem pelo fim com essas perguntas, vocês enfrentarão seus medos. Grandes perguntas e dúvidas podem ser desconfortáveis, mas será um alívio ver tudo isso listado em um só lugar. Dessa forma, vocês saberão para onde estão indo e o que precisarão enfrentar.

5

Mapeie

O Senhor dos Anéis, de J. R. R. Tolkien, é uma aventura épica dividida em três volumes e centenas de páginas. Há idiomas inventados, histórias, eventos do passado e diversas subtramas. É uma narrativa incrível, mas também complicada.

Para ser franco, é fácil se perder durante a leitura de *O Senhor dos Anéis*. Tolkien, porém, está lá para nos ajudar. No início do livro, há um mapa. À medida que os personagens viajam por locais como a Montanha da Perdição, Moria e as Montanhas Sombrias,[1] o leitor pode retornar ao mapa e refrescar a memória, relembrando onde a ação está acontecendo e como tudo se encaixa.

O mapa que você vai criar na segunda-feira não é muito diferente: um diagrama simples representando muita complexidade. Em vez de elfos e magos movendo-se pela Terra-Média,

1 Para saber mais sobre as Montanhas Sombrias, consultar *Led Zeppelin IV*.

seu mapa exibirá clientes navegando por seu serviço ou produto. Não é tão empolgante, mas é tão útil quanto.

O mapa também será muito importante ao longo da semana. No fim da segunda-feira, você vai usá-lo para afunilar um desafio abrangente e chegar a um alvo específico para o sprint. Mais à frente, o mapa oferecerá uma estrutura para os esboços e o protótipo da solução. Ele o ajudará a não se perder, mantendo-o sempre focado em como tudo se encaixa, e ainda vai aliviar a sobrecarga na memória de curto prazo de cada um.

Há, no entanto, uma qualidade que esses diagramas *não* têm em comum com os mapas de *O Senhor dos Anéis*: eles são simples. Por mais complicado que seja, o desafio pode ser mapeado com poucas palavras e setas. Para mostrar o que queremos dizer, gostaríamos de apresentar a Flatiron Health — uma companhia com um desafio muito complexo e um mapa muito simples.

Lá fora, nevava muito, e as nuvens cor de chumbo cobriam o horizonte de Manhattan. Do lado de dentro, porém, a sala de reuniões era aconchegante. Quatro de nós (Jake, John, Braden e Michael Margolis, nosso parceiro de pesquisa) tinham ido a Nova York para um sprint com a Flatiron Health, um dos maiores investimentos do GV. Estávamos realizando o sprint no escritório do Google em Manhattan, um antigo prédio no distrito de Port Authority que ocupa um quarteirão inteiro. A planta baixa do escritório é confusa — Jake se perdeu três vezes no primeiro dia —, mas encontramos o caminho até uma sala vazia do nono andar, encostamos a mesa na parede e reunimos cadeiras com rodinhas ao redor de um quadro branco.

Já conhecíamos a história da Flatiron Health. A companhia foi fundada por dois amigos, Nat Turner e Zach Weinberg. Nos anos 2000, Nat e Zach montaram uma companhia de tecnologia para marketing chamada Invite Media e a venderam para o Google.

Alguns anos depois, os dois começaram a pensar em sua próxima startup, e o assunto "saúde" sempre aparecia nas discussões. Ambos haviam acompanhado a luta de amigos e familiares contra o câncer e testemunhado em primeira mão as complexidades do tratamento. Nat e Zach se sentiram inspirados. Acreditavam que a análise de dados em grande escala podia filtrar pilhas de prontuários e resultados de exames, ajudando os médicos a escolherem o tratamento certo no momento certo. Assim, deixaram o Google e fundaram a Flatiron Health.

A startup decolou rápido. A Flatiron tinha levantado mais de 130 milhões de dólares em financiamento e adquirido a companhia líder em prontuários médicos eletrônicos. Contrataram um time de desenvolvedores e oncologistas de primeira linha e fecharam parceria com centenas de clínicas especializadas em câncer. As peças estavam nos lugares certos para o início de um projeto que, segundo acreditavam, teria um profundo efeito nos resultados do tratamento de câncer: o aumento de participação em experimentos clínicos.

Os ensaios clínicos garantem acesso a tratamentos mais recentes. Para alguns pacientes, isso significa drogas que podem salvar sua vida. Mas novos medicamentos não são o único objetivo dos testes; eles também buscam mais informações. Os dados obtidos a partir de cada teste são coletados e organizados, ajudando pesquisadores a compreender mais acerca da eficácia de novas e antigas terapias.

Contudo, nos Estados Unidos, apenas 4% dos pacientes com câncer participam de ensaios clínicos. Os outros 96% de dados relativos ao tratamento da doença não estão disponíveis para médicos e pesquisadores, que poderiam utilizá-los para entender melhor a doença e oferecer tratamentos mais eficazes a futuros pacientes.

A Flatiron queria disponibilizar os testes para qualquer um que fosse qualificado. Seu objetivo era desenvolver uma ferramenta de software capaz de ajudar as clínicas de tratamento de câncer a combinar pacientes a ensaios — um trabalho hercúleo se feito manualmente e talvez o principal entrave para a participação de um número maior de pessoas. Pacientes com formas comuns de câncer poderiam se qualificar para testes que reavaliassem a eficácia do tratamento-padrão. Pacientes com formas raras da doença talvez se qualificassem para uma nova terapia direcionada a casos específicos. Havia tantos pacientes únicos e tantos testes que monitorar tudo isso se tornava um trabalho impossível para qualquer ser humano.

A companhia reuniu uma grande equipe e decidiu começar com um sprint. A Definidora era a dra. Amy Abernethy, a diretora-clínica. Nat, o CEO, estaria presente por algumas horas para nos fornecer todo o contexto. Alguns líderes da Flatiron juntaram-se a eles. Havia oncologistas e engenheiros da computação, além de Alex Ingram, gerente de produto.[2]

De manhã, concluímos os exercícios da etapa Comece pelo fim. Foi fácil escolher o objetivo ("mais pacientes inscritos em ensaios clínicos"). Voltamos nosso foco para a identificação das grandes perguntas associadas ao sprint.

2 Caso você esteja contando: sim, havia mais de sete pessoas no sprint da Flatiron. Lembramos a você que o limite é apenas uma recomendação, e não uma regra inviolável.

"Precisamos ser rápidos", disse Amy. Ela tem um sotaque peculiar: parte vem da Austrália (onde fez o ph.D. em medicina), parte vem da Carolina do Norte (onde passou anos administrando uma pesquisa sobre câncer na Universidade Duke). "Se a pessoa acabou de ser diagnosticada com câncer, ela não pode esperar até que cada ensaio clínico seja considerado. Precisa iniciar o tratamento *imediatamente*."

Jake tirou a tampa do pincel atômico e pensou por um momento, tentando transformar o problema em uma pergunta. Em seguida, escreveu em um quadro branco para que todos vissem: *Podemos encontrar combinações rápido o bastante?*

"Cada clínica já tem seu próprio processo estabelecido", disse Alex, o gerente de produto. "São equipes de pessoas que vêm trabalhando juntas da mesma forma há anos. Precisamos oferecer algo muito melhor do que o status quo, ou elas não vão mudar seu fluxo de trabalho."

Jake acrescentou: *As clínicas mudarão seu fluxo de trabalho?*

Com as perguntas do sprint listadas, começamos a traçar o mapa. Michael Margolis e Alex Ingram haviam entrevistado funcionários de clínicas de oncologia e, com a ajuda de Amy, explicaram como funciona a participação em um ensaio clínico.

Para combinar pacientes e testes, médicos e coordenadores de pesquisa consultam longas listas de requisitos: histórico do tratamento, hemogramas, mutações nas células cancerosas e muitos outros. À medida que o tratamento se tornava mais sofisticado e direcionado, tais requisitos foram ficando mais específicos. "Para determinado ensaio, podemos estar falando de apenas um punhado de pacientes qualificados no país inteiro", declarou Amy. "É como procurar agulhas em um palheiro."

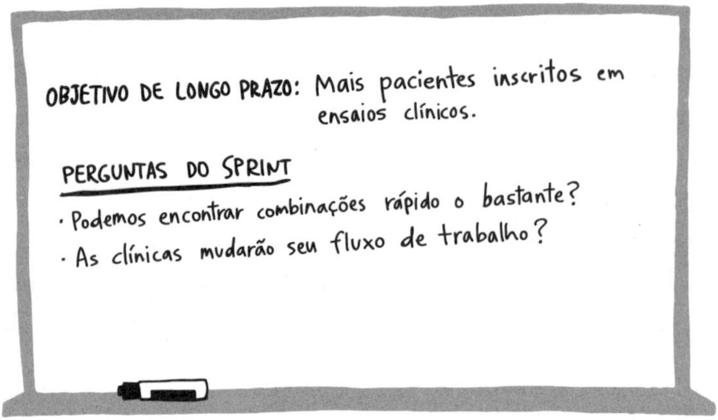

Objetivo de longo prazo e perguntas do sprint da Flatiron Health.

Era um sistema complexo e caótico. Entretanto, após uma hora de discussão e muitas revisões, conseguimos criar um mapa simples:

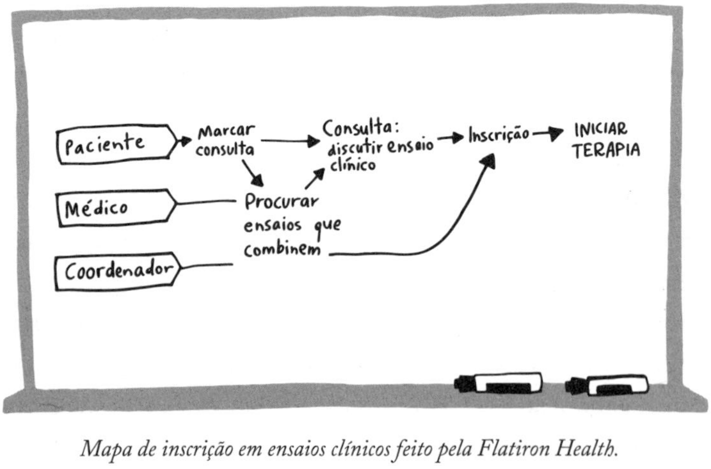

Mapa de inscrição em ensaios clínicos feito pela Flatiron Health.

Do lado esquerdo ficava uma lista das pessoas envolvidas no processo de inscrição: o paciente e o médico (que tinham papéis centrais na decisão pelo tratamento) e o coordenador de pesquisa da clínica (que era fácil de passar despercebido, mas podia ser a pessoa mais bem informada sobre a disponibilidade do ensaio). A partir daí, o mapa exibia o paciente marcando uma consulta, o médico e sua equipe procurando ensaios que combinassem com o caso, depois a consulta em si, a inscrição e, por fim, o início do tratamento.

Por trás desses passos simples, havia todo tipo de dificuldade: funcionários sobrecarregados, dados indisponíveis e lacunas de comunicação. Como Amy nos explicou, muitos médicos que deveriam sugerir os ensaios nem mesmo sabiam que os testes estavam disponíveis em sua clínica. À tarde, haveria tempo de examinarmos todos os problemas e todas as oportunidades. Mas, por enquanto, com esse mapa, tínhamos o suficiente para começar.

A Flatiron Health tinha um problema complicado e um mapa objetivo. O mapa de seu sprint também deve ser simples. Não é preciso capturar cada detalhe e nuance. Em vez disso, basta incluir as principais etapas necessárias para que os clientes passem do início à conclusão do processo: nesse caso específico, do diagnóstico de câncer à inscrição em um ensaio clínico.

Analisemos mais dois exemplos. (Para ganhar um ponto extra, veja se consegue identificar os elementos comuns em cada mapa.) Na segunda-feira do sprint, a Savioke teve que organizar as informações sobre robótica, navegação, operações de hotelaria e hábitos dos hóspedes. Este é o mapa deles:

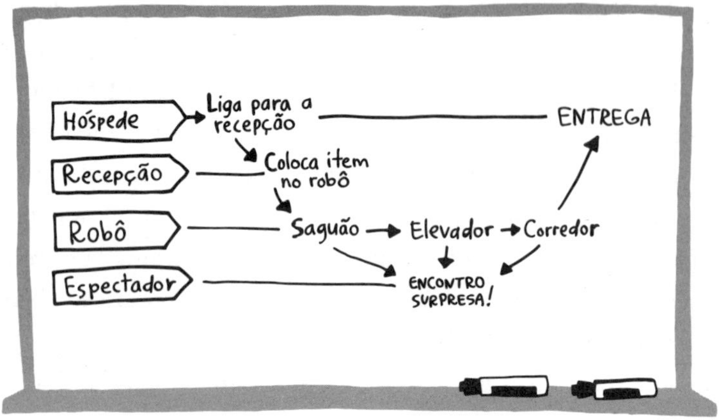

Mapa de entrega do robô da Savioke.

No primeiro dia de sprint, a Blue Bottle Coffee organizou as informações sobre seleção de grãos, atendimento ao cliente, operações relacionadas ao café e canais de distribuição. Este é o mapa deles:

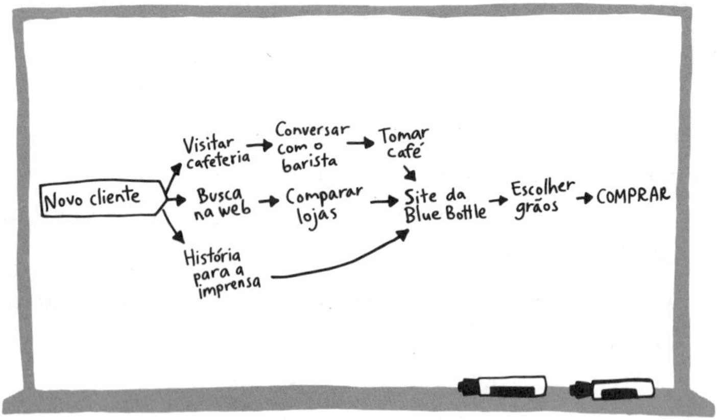

Mapa de vendas on-line da Blue Bottle Coffee.

Os elementos comuns? Cada mapa é centrado no cliente, com uma lista de atores-chave à esquerda. Cada mapa é uma história, com princípio, meio e fim. E, não importa qual seja o negócio, todos são simples. Os diagramas são compostos apenas por palavras, setas e algumas caixas. Então, agora que sabe como é um mapa, você está pronto para fazer o seu.

Trace um mapa

Você desenhará o primeiro esboço de seu mapa na manhã da segunda-feira, assim que tiver escrito o objetivo de longo prazo e as perguntas do sprint. Use o mesmo quadro branco em que escreveu o objetivo e, então, mãos à obra. Quando estamos desenhando nossos mapas, obedecemos aos seguintes passos (lembre-se de que há um checklist no fim do livro, então não é preciso memorizá-los):

1. Liste os atores (do lado esquerdo)

Os "atores" são todos os personagens importantes em sua história. Na maioria das vezes, são tipos diferentes de clientes. Ocasionalmente, outros elementos além dos clientes — sua equipe de vendas ou um órgão regulador do governo, por exemplo — são atores importantes e também devem ser listados. E de vez em quando, é claro, há um robô.

2. Escreva o fim (do lado direito)

Em geral, é muito mais fácil identificar o fim do que o meio da história. A trajetória da Flatiron terminava com o tratamento. A da Savioke terminava com uma entrega. E a da Blue Bottle terminava com a compra de café.

3. Palavras e setas no meio
O mapa deve ser funcional, e não uma obra de arte. Palavras, setas e uma caixa ou outra são o bastante. Não é necessário talento algum para desenhar.

4. Não complique
Seu mapa deve ter de cinco a quinze passos, mais ou menos. Se houver mais de vinte, provavelmente está muito complicado. Ao manter a simplicidade do mapa, a equipe pode concordar quanto à estrutura do problema sem ficar estagnada com soluções concorrentes.

5. Peça ajuda
Enquanto estiver desenhando, pergunte à equipe: "Vocês acham que o mapa parece correto?"

Você deve conseguir fazer o primeiro esboço do mapa em um período de trinta a sessenta minutos. Não se surpreenda se precisar atualizá-lo e corrigi-lo ao longo do dia, conforme a equipe discutir o problema. Nunca acertamos nosso mapa na primeira tentativa, mas é necessário partir de algum lugar.

A essa altura, você terá alcançado um marco importante. Possui um esboço cru do objetivo de longo prazo, das perguntas do sprint e do mapa. Já pode visualizar as linhas gerais de seu sprint: as perguntas que tentará responder no teste da sexta-feira e a trama que norteará as soluções e o protótipo. O objetivo de longo prazo é a motivação e servirá como uma régua para o sprint.

O restante do dia será dedicado a entrevistar os especialistas da equipe a fim de reunir mais informações sobre o espaço do problema. Pouco a pouco, você acrescentará mais perguntas, fará atualizações no mapa e talvez até reformule o objetivo de longo prazo. Além disso, todo o time fará anotações a fim de conferir mais profundidade ao mapa no quadro branco.

Seu trabalho na tarde da segunda-feira será reunir uma imagem coesa de conhecimentos e experiências. No próximo capítulo, daremos uma receita para aprender com os especialistas de sua empresa e mostraremos uma maneira quase mágica de fazer anotações.

6

Pergunte aos especialistas

A equipe enxerga muito bem o desafio que tem pela frente, mas esse conhecimento está espalhado entre os integrantes. Alguém sabe mais sobre os clientes; outra pessoa sabe mais sobre a tecnologia, o marketing, o negócio, e assim por diante. No curso natural de trabalho, as equipes não têm a chance de unir forças e usar todo esse conhecimento. Nos próximos exercícios, é exatamente isso que você vai fazer.

A tarde da segunda-feira é quase toda dedicada a um exercício que chamamos de **Pergunte aos especialistas**: uma série de entrevistas individuais com as pessoas que integram a equipe do sprint — pessoas da companhia e talvez até uma ou duas de fora com conhecimentos especiais. À medida que avançam, cada membro da equipe **fará anotações** particulares. Você reunirá as informações necessárias para selecionar seu alvo e, ao mesmo tempo, acumulará combustível para as soluções a serem esboçadas na terça-feira.

Por que se dar a todo esse trabalho? Como aconteceu com muitas das etapas que executamos, inserimos esse passo depois de cometermos um grande erro. Quando começamos a conduzir sprints, achávamos que podíamos obter todas as informações simplesmente conversando com as pessoas no comando: geralmente, os CEOs e os gerentes. Faz sentido. Os Definidores devem ser os que mais sabem sobre o projeto, certo? Bem, no fim das contas, eles não sabem tudo — mesmo quando acham que sabem.

Estávamos conduzindo um sprint na WalrusCo (mais uma vez, nomes e detalhes comprometedores foram alterados para proteger os inocentes). Já tínhamos ouvido tudo que o CEO e o diretor de produtos tinham a nos dizer. Desenhamos o mapa no quadro branco e estávamos confiantes. O CEO disse que todas as nossas conclusões estavam "completamente, 100% certas".

Foi então que Wendy (de novo, nome alterado) entrou na sala. Ela estava cheia de energia. As mangas de sua blusa estavam arregaçadas até os cotovelos, e ela esfregava as mãos, andando de um lado para outro enquanto falava.

Wendy liderava a equipe de vendas da WalrusCo e entendia melhor do que ninguém a forma como os clientes reagiam nas diferentes etapas do processo de venda. Ela apontou para o diagrama. "Aqui", explicou, "eles estão dizendo: 'Nunca ouvi falar dessa WalrusCo. Por que devo confiar nesses idiotas e passar o número da minha conta?'" Ela bebeu um longo gole de água em um copo descartável. "Aqui", disse, indicando outro ponto, "vamos precisar do número de identificação deles. Ninguém tem isso de cabeça. Vão precisar procurar os documentos, estão mexendo na gaveta de papéis... Se a essa altura ainda não tivermos resolvido o problema de confiança, o jogo acabou para nós."

Todo mundo fez anotações. Jake correu até o quadro branco, apagou algumas linhas com o polegar e inseriu as correções de Wendy. "Assim?", perguntou. Wendy olhou para o relógio e conferiu o trabalho de Jake.

"É." Ela amassou o copo e o jogou no lixo. "Mais ou menos. Olha, obrigada por me receberem." Ela fez um movimento pesaroso com os ombros. "Preciso atender a essa ligação."

Na WalrusCo, o CEO tinha certeza de que havíamos coberto tudo. Wendy, no entanto, corrigiu quase o mapa inteiro. Agora, antes de você pensar que o CEO da WalrusCo era um palerma, devemos explicar que o mapa era preciso antes de Wendy chegar. Ele apenas ficou mais preciso ainda depois. Wendy inseriu os fatos básicos no contexto real do cliente.

Ninguém sabe tudo

O que Wendy nos ensinou foi que grandes desafios têm muitas nuances, e, para entender o contexto completo, precisamos incorporar informações de muitas fontes. Ninguém sabe tudo, nem mesmo o CEO. Em vez disso, as informações estão distribuídas de modo assimétrico entre a equipe e a companhia. No sprint, é preciso reuni-las e entendê-las. Perguntar aos especialistas é a melhor e mais rápida forma de fazer isso.

Decidir com quem falar é uma arte. Quando se trata de sua própria equipe, você provavelmente já tem uma boa ideia em relação às pessoas certas. É útil ter ao menos um especialista que possa falar sobre cada um dos seguintes tópicos:

Estratégia

Comece conversando com o Definidor. Se ele não estiver presente em tempo integral no sprint, certifique-se de que poderá contar com a expertise dele ao menos na tarde da segunda. Algumas perguntas úteis: "O que fará deste projeto um sucesso?", "Qual é a nossa vantagem ou oportunidade únicas?", "Qual é o maior risco?".

Voz do cliente

Quem conversa mais com os clientes? Quem pode explicar o mundo a partir da perspectiva deles? Wendy é um exemplo perfeito de especialista no que diz respeito aos clientes. Quer essa pessoa venha do departamento de vendas, do atendimento ao consumidor, de pesquisa etc., suas impressões provavelmente serão cruciais.

Como as coisas funcionam

Quem entende a mecânica de seu produto? Na equipe do sprint, você incluirá as pessoas que desenvolvem seu produto ou concretizam suas ideias — o designer, o engenheiro, o marqueteiro... A Savioke entrevistou roboticistas, a Blue Bottle entrevistou baristas e a Flatiron entrevistou oncologistas. Considere a possibilidade de convidar o especialista financeiro, o especialista em tecnologia/logística e o especialista em marketing. Muitas vezes, conversamos com dois, três ou quatro especialistas em "como as coisas funcionam" para nos ajudarem a entender de que maneira tudo vai se encaixar.

Tentativas anteriores

É comum algum membro da equipe já ter pensado no mesmo problema com detalhes. Essa pessoa pode ter uma ideia a respeito da solução, uma experiência que fracassou, ou talvez até algum trabalho em construção. Examine essas soluções preexistentes. Muitas equipes de sprint obtêm ótimos resultados finalizando uma ideia inacabada ou consertando algo que falhou. A Savioke, por exemplo, possuía quase todas as peças da personalidade do robô antes do sprint, mas ainda não havia tido a oportunidade de montá-las.

Conversar com esses especialistas traz à memória da equipe coisas que os integrantes já sabiam, mas que podem ter esquecido. Sempre rende algumas ideias surpreendentes. E o processo tem ainda um agradável benefício de longo prazo: ao pedir a colaboração das pessoas no início do projeto, você faz com que elas se sintam parte do resultado. Mais tarde, quando colocar soluções bem-sucedidas em prática, os especialistas que você trouxe a bordo provavelmente vão estar entre os seus maiores apoiadores.

Pergunte aos especialistas

Reserve meia hora para cada conversa, embora todo esse tempo talvez não seja necessário. Quando o especialista estiver pronto, seguimos um roteiro simples para fazer as coisas andarem.

1. Apresente o sprint

Se o especialista não faz parte da equipe do sprint, explique qual é o seu objetivo.

2. Revise os quadros brancos

Faça uma explicação de uns dois minutos sobre o objetivo de longo prazo, as perguntas do sprint e o mapa.

3. Abra a porta

Peça ao especialista que conte tudo o que sabe sobre o desafio em questão.

4. Faça perguntas

A equipe do sprint deve agir como um grupo de repórteres apurando uma história. Peça ao especialista que preencha lacunas pertencentes à área dele. Peça que lhes diga o que ele acha que vocês já sabem. E, o mais importante, peça ao especialista que fale em que pontos vocês erraram. Ele vê alguma coisa incompleta no mapa? Acrescentaria alguma pergunta do sprint a sua lista? Que oportunidades ele vê? Frases úteis: "Por quê?" e "Fale mais sobre isso".

5. Corrija os quadros brancos

Acrescente perguntas ao sprint. Altere seu mapa. Se necessário, atualize o objetivo de longo prazo. Os especialistas vão estar lá para lhe dizer o que você não sabia (ou deixou passar) de manhã. Por isso, não tenha vergonha de fazer revisões.

É isso. Os especialistas não precisam preparar uma apresentação em slides. Se já tiverem alguma coisa para mostrar, ótimo, mas, na maioria das vezes, uma discussão direta sobre o mapa e os clientes é mais eficiente. A necessidade de improvisação pode causar um pouco de nervosismo, mas funciona. Se forem especialistas de verdade, eles dirão coisas sobre as quais você nem saberia perguntar.

Os especialistas vão oferecer uma tonelada de informações. Como você vai acompanhar? No dia seguinte, quando a equipe começar os esboços de soluções, muitos detalhes terão desaparecido de sua memória de curto prazo. Os quadros brancos vão ajudar, mas não serão suficientes. Você precisará de anotações adicionais.

Imagine que cada pessoa da equipe faz as próprias anotações. Isso seria ótimo, mas, se uma pessoa em particular faz uma observação interessante, o restante do grupo não vai se beneficiar. A anotação de cada um estará confinada ao próprio caderno.

Agora, imagine que você é um mago erguendo uma varinha mágica. Folhas voam dos cadernos de todo mundo e se organizam em uma grande pilha. Então, as páginas se rasgam em pedaços. A partir daí (lembre-se, é mágica), os pedaços mais interessantes se separam do restante e se colam na parede para que todos vejam. Bom trabalho, mago! Você organizou e priorizou as anotações do grupo, e não levou tempo algum para isso.

Infelizmente, não sabemos fazer mágica de verdade. Contudo, temos uma técnica que resulta em anotações organizadas e priorizadas de toda a equipe. E é muito rápida.

Esse método se chama **Como poderíamos**. Foi desenvolvido pela Procter & Gamble nos anos 1970, mas nós o aprendemos com a agência de design IDEO. Funciona assim: cada pessoa faz suas próprias anotações, uma de cada vez, em notas autoadesivas. No fim do dia, você combinará as anotações do grupo todo, organizando-as e escolhendo as mais interessantes. Essas anotações destacadas vão ajudá-lo a decidir em qual parte do mapa se concentrar, e, na terça-feira, elas lhe darão ideias para seus esboços.

Com essa técnica, você fará anotações em forma de perguntas, começando com as palavras "Como poderíamos...?" Com a Blue Bottle, por exemplo, uma possível pergunta seria: "Como poderíamos recriar a experiência da cafeteria?" ou "Como poderíamos garantir que o café chegue fresco?".

Alguns dos apontamentos "Como poderíamos" da Blue Bottle.

É claro que alguns[1] vão estranhar a incomum formulação "Como poderíamos". Afinal, a maioria das pessoas não fala assim na vida real — e, combinada à anotação em notas autoadesivas, a frase pode parecer um pouco boba. Tivemos a mesma preocupação após aprendermos o método.

Quando o experimentamos, passamos a apreciar como a formulação aberta e otimista nos leva a procurar oportunidades e desafios, em vez de ficarmos empacados em problemas ou, o que é quase pior, pularmos para soluções rápido demais. E, como todas as perguntas têm o mesmo formato, é possível ler, entender e avaliar uma parede inteira cheia dessas notas de uma vez só (que é o que vocês vão fazer no fim da tarde).

Faça anotações *Como poderíamos*

Cada integrante da equipe precisa ter seu próprio bloco de notas autoadesivas (totalmente amarelas, de sete centímetros de altura por doze de largura) e pincéis atômicos pretos, grossos e apagáveis a seco.[2] O uso de pincéis atômicos em superfícies pequenas força todo mundo a escrever tópicos sucintos e fáceis de ler.

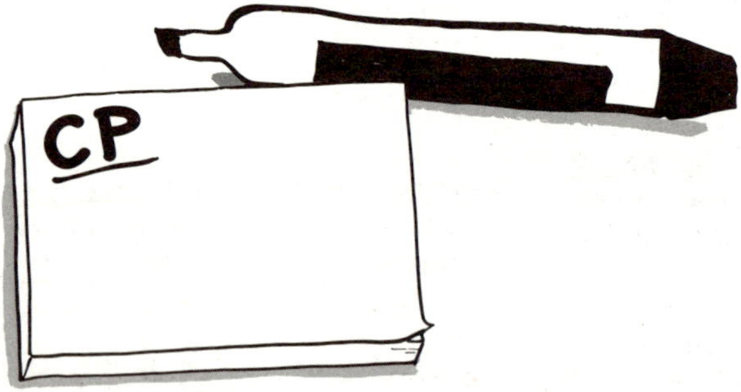

1 Não vamos citar nomes, mas... (*cof, cof*) engenheiros.

2 Preferimos pincéis atômicos de quadro branco aos hidrocores por três motivos: (1) São mais versáteis. (2) Não têm um cheiro tão forte. (3) Se você der um hidrocor a Jake, ele com certeza vai usá-lo por acidente no quadro branco.

Para fazer anotações, siga os passos abaixo:

1. Coloque as letras "CP" no canto esquerdo de sua nota autoadesiva.
2. Espere.
3. Quando ouvir alguma coisa interessante, transforme-a em uma pergunta (silenciosamente).
4. Escreva a pergunta em sua nota.
5. Arranque a nota e a separe.

Cada um acabará com uma pequena pilha de notas — vocês vão organizá-las depois.

Não há como negar que, a princípio, esse método pode ser esquisito, mas todas as equipes com as quais trabalhamos entendem seu propósito assim que começam a escrever. Para ilustrar melhor como as etapas Pergunte aos especialistas e Como poderíamos funcionam, vamos dar uma olhada no trecho de uma entrevista de verdade e nas anotações geradas a partir daí. Nesta cena do sprint da Flatiron, entrevistamos o dr. Bobby Green, o vice-presidente de estratégia clínica. O que transcrevemos aqui são mais ou menos os dois primeiros minutos de uma entrevista de quinze.

"Então, Bobby", disse Jake. "O que está faltando em nosso mapa?"

"Bem, posso falar um pouco mais sobre esta parte." Bobby apontou para o quadro branco, onde o diagrama dizia *Procurar ensaios que combinem*. "Vou dar a perspectiva de um médico aqui."

Bobby distribuiu algumas cópias de três páginas. "Isto é uma lista típica de critérios para um ensaio clínico", explicou ele. "Quando tentamos decidir se um paciente combina com um teste, comparamos o que sabemos sobre o paciente a listas como esta."

As páginas estavam cheias de requisitos, um total de 54. Os itens variavam de "Idade de dezoito anos ou mais" a "Pelo menos quatro semanas desde sargramostim (GM-CSF), interferon alfa-2b ou interleucina 2." Para Jake, Braden e John, era difícil decifrar isso. Mas a moral da história era clara: tratava-se de uma longa lista.

Alex Ingram, gerente de produto da Flatiron, ergueu a cabeça após dar uma olhada em sua cópia. "As clínicas não têm todas essas informações sobre seus pacientes, não é?"

Bobby assentiu. "Alguns desses critérios encontram-se no prontuário médico eletrônico, mas muitos não."

"Explique de novo o que é feito quando as informações não estão no prontuário médico", pediu Amy Abernethy, diretora-clínica da Flatiron. Era óbvio que ela já sabia a resposta, mas também sabia que o restante de nós iria se beneficiar ao ouvi-la.

"Bem, depende", respondeu Bobby. "Por exemplo, muitos ensaios necessitam que as cardiopatias estejam sob controle. Isso é muito vago, mas provavelmente significa que o paciente não pode ter tido um infarto recente. Não é fácil encontrar esse tipo de coisa no prontuário médico eletrônico. Dessa maneira, alguém da clínica precisa conversar com o paciente ou com o cardiologista do paciente. No fim das contas, o oncologista terá que tirar uma conclusão subjetiva."

Bobby colocou a própria pilha de papéis em cima da mesa. "Para combinar um paciente com um ensaio, precisamos responder a umas dez, vinte perguntas abertas. Agora, multiplique isso pelo número de novos pacientes que recebemos a cada semana e pelo número de ensaios em cada clínica." Ele deu um sorriso cansado. "E, como oncologista, você já é bem ocupado."

Todos na sala concordaram. Em seguida, começaram a escrever freneticamente nas notas autoadesivas.

Recapitulação: em primeiro lugar, Jake, como Facilitador do sprint, deu início à entrevista perguntando a Bobby sobre o mapa no quadro branco. Isso nos deu um panorama sobre como as novas informações se encaixariam no que já tínhamos discutido.

Em seguida, a equipe fez muitas perguntas. A colocação de Amy "Explique de novo..." é útil, pois a maioria das entrevistas inclui um conteúdo ao qual a equipe já foi exposta em um momento ou outro. Não tem problema. Revisá-lo serve para refrescar a memória de todos e também revelar novos detalhes. A frase "Explique de novo" também é uma boa forma de fazer o especialista se sentir mais à vontade. Bobby não precisava disso — é um orador seguro —, mas, ao formular as perguntas dessa maneira, você pode extrair informações valiosas até mesmo das pessoas mais tímidas da equipe.

Falemos sobre as anotações. Abaixo estão, em linhas gerais, os problemas que Bobby apresentou:

- Nos prontuários médicos, é difícil encontrar as informações necessárias para fazer a triagem dos pacientes.
- Encontrar as informações que faltam requer muito tempo e esforço.
- O número de pacientes, ensaios e requisitos é grande demais.

Argh... Deprimente, não? Mas, enquanto Bobby falava, a equipe da Flatiron estava o tempo todo transformando esses problemas em oportunidades do tipo Como poderíamos. Eis algumas anotações que eles fizeram:

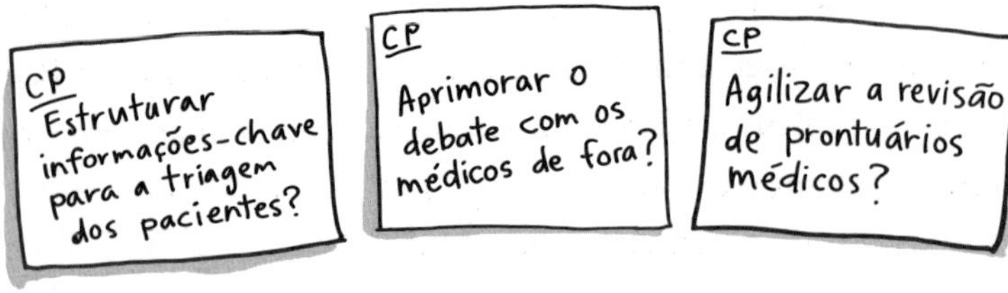

A sensação de ler a lista Como poderíamos é muito melhor do que a de ler a lista de problemas. Era animador quando as entrevistas terminavam e nós víamos as notas uns dos outros na parede. Cada nota Como poderíamos capturava um problema e o convertia em uma oportunidade.

Além disso, toda questão podia ser respondida de muitas formas diferentes. Não eram vagas demais ("Como poderíamos reinventar o sistema de saúde?") nem restritas demais ("Como poderíamos colocar nosso logotipo no canto direito superior?"). Em vez disso, as notas da Flatiron eram específicas apenas o suficiente para inspirar soluções variadas. Na terça, as notas propiciariam a inspiração perfeita para nossos esboços.

A entrevista com Bobby ilustra a fórmula básica para a tarde da segunda-feira. Vocês conversarão com especialistas usando seu mapa como guia. Farão anotações como um time, transformando cada problema que ouvirem em uma oportunidade. Depois das entrevistas, a equipe terá produzido uma porção de notas. Na maioria dos sprints, acabamos com algo entre trinta e cem. Infelizmente, não podemos fazer um bom uso de tantas perguntas da metodologia Como poderíamos. No momento em que você voltar a atenção para esboços de soluções, será um número grande demais de oportunidades para o modesto cérebro humano acompanhar. Assim, será necessário filtrá-las.

Organize as notas *Como poderíamos*

Assim que as entrevistas com os especialistas forem concluídas, todos devem juntar suas notas e colá-las na parede. Podem fazê-lo de qualquer maneira, sem se preocupar com organização. Por exemplo:

Primeiro, cole as notas sem nenhuma organização.

Uau, que bagunça! Agora, vocês vão organizar as notas de forma a colocá-las em grupos. Trabalhando juntos, encontrem perguntas com temas semelhantes e agrupem-nas na parede.

Vocês não precisam saber de antemão quais temas usar. Na verdade, eles surgirão gradualmente. Por exemplo, imagine que está trabalhando com a Flatiron Health. Você pode olhar para a parede e observar algumas notas sobre prontuários médicos eletrônicos. Você, então, pegaria essas notas e as reuniria. Bingo. Já temos um tópico.

À medida que a organização avança, será útil rotular os temas. Basta escrever um título em uma nota autoadesiva nova e colá-la acima do grupo. (Geralmente acabamos com um tema chamado "Miscelânea", que abarca notas que não se encaixam em nenhum grupo. Essas notas aleatórias acabam sendo algumas das melhores.)

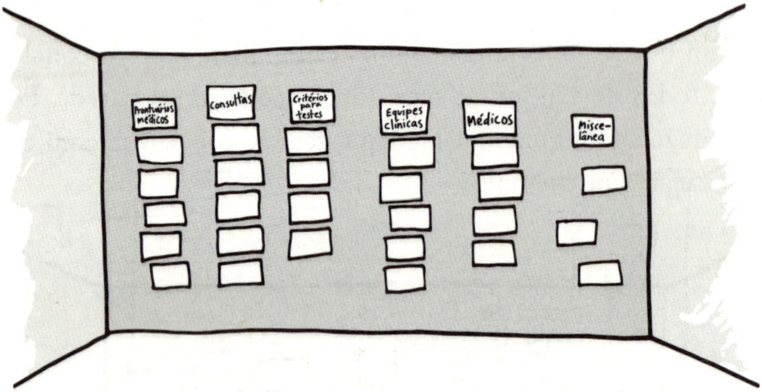

Organize as notas em grupos e dê um rótulo a cada um.

Se você deixar, esse processo pode durar para sempre, mas a organização não precisa ser perfeita. Após dez minutos, as notas já estarão arrumadas o suficiente para passarmos à priorização.

Votem nas notas *Como poderíamos*

Para priorizar as notas, você usará a votação por pontos. Esse é um de nossos atalhos favoritos para evitar longos debates. A votação por pontos funciona praticamente como o imaginado:

1. Dê **duas folhas de etiquetas de bolinha a cada pessoa**.
2. Dê **quatro folhas de etiquetas de bolinha ao Definidor**, pois a opinião dele tem peso maior.
3. Peça a todos que **revisem o objetivo e as perguntas do sprint**.
4. Peça a todos que **votem em silêncio nas questões Como poderíamos mais úteis**.
5. Você pode votar em sua própria nota e votar duas vezes na mesma nota.

Concluída a votação, haverá aglomerados de bolinhas em algumas notas, e a parede inteira terá sido classificada de acordo com a prioridade.

Use pontos para votar nas perguntas mais promissoras.

Quando a votação tiver terminado, pegue as notas Como poderíamos com mais de um voto, retire-as da parede e encontre um lugar em seu mapa para colá-las. A maioria provavelmente corresponderá a um passo específico na história. Vamos ver como ficou o mapa da Flatiron:

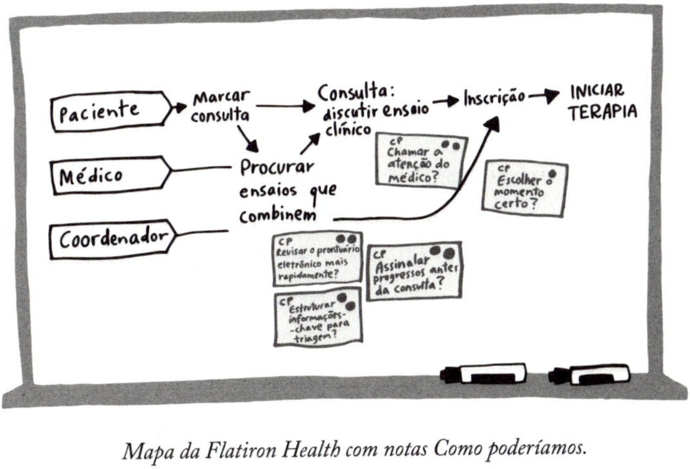

Mapa da Flatiron Health com notas Como poderíamos.

O processo de priorização não é perfeito: o tempo para deliberação é curto, e os primeiros votos podem influenciar os posteriores. Mas ele leva a decisões muito boas e transcorre rápido o bastante, de maneira a deixar tempo para a tarefa mais importante do dia: depois de dar outra olhada no objetivo de longo prazo, nas perguntas do sprint, no mapa e nas anotações feitas durante a tarde, sua equipe escolherá um alvo mais específico para o restante do sprint.

7

Alvo

Em 1948, uma jovem cientista chamada Marie Tharp mudou-se para Nova York e conseguiu um emprego no departamento de geologia da Universidade Columbia. Lá, recebeu uma tarefa incomum: produzir o primeiro mapa detalhado do assoalho oceânico. Tharp tabelou milhares de registros de sonar com uma precisão meticulosa. Quando havia lacunas entre dois pontos sem dados, ela usava seu conhecimento em geologia e matemática para descobrir o que faltava.

Enquanto fazia marcações no mapa, ela descobriu algo surpreendente. O que antes pareciam montanhas submarinas isoladas eram, na verdade, longas cadeias interconectadas de cordilheiras vulcânicas e vales profundos. Aquilo saltou imediatamente do mapa: uma faixa maciça e compacta estendendo-se por milhares de quilômetros.

Hoje, é fácil ver a Dorsal Oceânica (como atualmente é conhecida) usando o Google Earth. No oceano Atlântico, a cordilheira exibe uma linha azul-escura serpenteando das águas ao norte da Groenlândia, passando pela Islândia e seguindo até o Atlântico Sul. Lá, na minúscula ilha Bouvet, ela se conecta com outra faixa azul irregular e segue para o leste em direção ao oceano Índico. E assim vai, uma cordilheira conectando-se a outra, de oceano a oceano, ao redor de todo o planeta.

Tharp foi a primeira a ver isso. Ela sustentava a hipótese de que a cordilheira era uma grande rachadura onde a crosta da Terra se dividia. Na época, a tectônica de placas — a noção de que pedaços gigantes da crosta terrestre encontram-se em movimento constante, transportando continentes e moldando paisagens — era, de maneira geral, considerada uma ideia exótica. Contudo, era difícil argumentar diante do mapa de Tharp. No fim da década de 1960, a tectônica de placas foi aceita como fato.

Quando chegar ao fim da segunda-feira, você estará pronto para um "momento Marie Tharp". Ela não estava procurando a Dorsal Oceânica, mas, depois de ter compilado os dados e traçado o mapa, a cordilheira não poderia ter passado despercebida aos olhos da geóloga. Após as entrevistas com os especialistas e a organização das notas, a parte mais importante do projeto deve saltar automaticamente do mapa, quase como uma rachadura na Terra.

A última tarefa da segunda-feira é escolher um alvo para seu sprint. Qual é o público mais importante, e qual é o momento crucial da experiência desse público? O restante do sprint vai se desenvolver a partir dessa decisão. Ao longo da semana, você vai se concentrar no alvo selecionado — esboçando soluções, traçando um plano e construindo um protótipo do momento crucial identificado e dos eventos que transcorrem ao redor dele.

A Savioke decidiu definir como alvo o hóspede do hotel (e não os funcionários) e se concentrar no momento da entrega (e não no elevador ou no saguão). Os outros cenários eram importantes, só que o maior risco e a maior oportunidade encontravam-se à porta do quarto do hóspede. E eles sabiam que, se acertassem na entrega, poderiam aplicar o aprendizado em outros pontos.

A Blue Bottle Coffee decidiu se concentrar em seu público mais desafiador: clientes que nunca tinham ouvido falar em seu café e que comprariam grãos que ainda não haviam experimentado. Se conseguissem convencer estranhos de que valia a pena comprar seus grãos, poderiam concluir sem dúvidas que a loja on-line funcionaria bem para a clientela já estabelecida.

E quanto à Flatiron Health? Eles tinham muitos alvos viáveis. Poderiam tentar ajudar os pacientes a entender melhor como os ensaios clínicos funcionavam, e que eles não seriam tratados como porquinhos-da-índia servindo de cobaias. Poderiam tentar otimizar as várias etapas existentes depois de os pacientes concordarem com um ensaio clínico. Poderiam mandar uma mensagem para os médicos antes de cada consulta, lembrando-lhes de considerar uma terapia-teste. As possibilidades eram inúmeras, mas Amy, a Definidora, precisava escolher um alvo.

Na tarde da segunda-feira, havíamos conversado com especialistas essenciais da equipe da Flatiron. Janet Donegan, enfermeira com 25 anos de experiência, deu um relato sobre o trabalho feito pelos funcionários da clínica. Os engenheiros de software — Floyd, DJ, Allison e Charlie — detalharam o mundo dos dados de prontuários médicos. A cada entrevista, a história ficava um pouco mais clara.

Todos tiveram a chance de compartilhar uma opinião sobre qual foco deveríamos seguir. Bobby Green, o vice-presidente de estratégia clínica, achou que seria melhor desenvolver uma ferramenta para os médicos. Os engenheiros queriam se concentrar nos coordenadores de pesquisa. Ambas as partes tinham excelentes argumentos.

No fim da tarde, a nevasca ganhou força e todo mundo estava com uma caneca de café na mão. Nós nos reunimos ao redor de um quadro branco no qual a equipe desenhara e redesenhara (e re-redesenhara) o mapa. As principais notas Como poderíamos estavam coladas ao lado das etapas correspondentes no processo. Para um observador externo, o mapa provavelmente pareceria uma bagunça de setas, textos e notas autoadesivas. Para nossa equipe, estava tão claro quanto o diagrama de Gene Kranz sobre o plano de voo da *Apollo 13*.

Enfim, era chegada a hora de tomar a decisão final quanto ao foco do sprint. Amy precisava escolher um público-alvo e um momento-alvo no mapa. Nós, do GV, nos preparávamos para uma longa discussão. Contudo, quando Jake perguntou se ela estava pronta, Amy assentiu e pegou um pincel atômico.

"Bem aqui." Amy desenhou dois círculos no quadro branco:

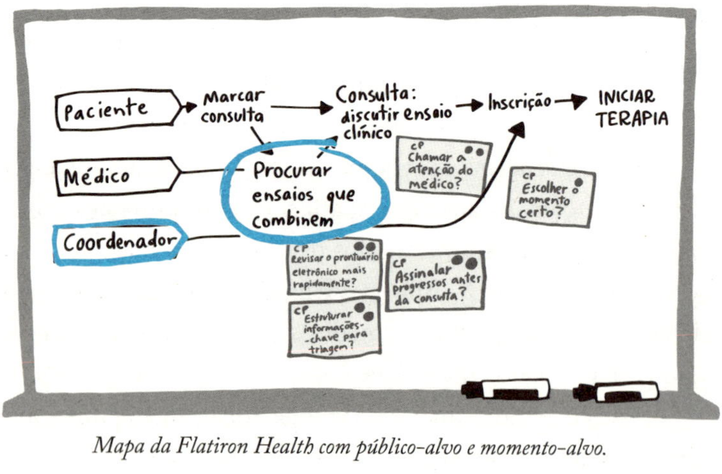

Mapa da Flatiron Health com público-alvo e momento-alvo.

"Os coordenadores", disse ela, "quando estão pesquisando para ver se um novo paciente se encaixa em um ensaio. Esse é o topo do funil, onde podemos avaliar a maioria dos pacientes. E é a principal tarefa dos coordenadores combinar pacientes com ensaios. Não estaremos competindo por atenção como estaríamos com os médicos."

Espalhada na sala, a equipe da Flatiron fez que sim com a cabeça, como se a escolha de Amy fosse óbvia. Olhamos para Bobby Green. No início da tarde, ele defendera com veemência o alvo nos médicos, já que eles estão mais envolvidos na decisão pelo tratamento. Como Amy, Bobby era oncologista, e havia passado anos administrando uma clínica oncológica. Sabia o que estava falando. Mas, no fim, acabou concordando. "É difícil mudar o comportamento dos médicos, e nosso sistema a princípio não será perfeito. Os coordenadores de pesquisa serão mais tolerantes quando cometermos erros."

"Este é o alvo certo", acrescentou Amy. "Se pudermos ajudar os coordenadores a encontrar mais combinações, será um primeiro passo gigantesco."

Em todos os nossos sprints com startups, nunca nos deparamos com nada mais intrincado do que a inscrição em ensaios clínicos. Não obstante, para Amy, o alvo estava tão óbvio quanto a Dorsal Oceânica. Ele saltou do mapa. E o restante da equipe aceitou com tranquilidade sua decisão.

É claro que não deveria ter sido surpresa nenhuma para nós. Amy não era a Definidora por acidente. Tinha conhecimentos profundos e uma visão firme. E quanto ao restante da equipe? Ao longo do dia, todos ouviram as mesmas informações, leram as mesmas notas e concordaram com o mesmo mapa. Todo mundo teve a chance de registrar sua opinião. Na tarde da segunda-feira, enxergavam com clareza o desafio, a oportunidade e o risco. O alvo também estava óbvio aos olhos deles.

Depois de agrupar as notas de sua equipe, a decisão sobre o foco provavelmente será fácil. Ele é o ponto do mapa em que você tem a maior oportunidade de fazer algo importante (e também, talvez, o maior risco de fracassar).

Escolha um alvo

O Definidor precisa escolher **um público-alvo** e **um evento-alvo** no mapa. A escolha, seja lá qual for, será o foco do restante do sprint — os esboços, o protótipo e o teste vão se desenvolver com base nessa decisão.

Peça ao Definidor que faça a escolha

Será mais fácil se o Definidor simplesmente tomar a decisão sem muita discussão. Afinal, vocês já passaram o dia inteiro discutindo e tocando processos. Quando a tarde da segunda chegar, a maioria dos Definidores será capaz de tomar a decisão com a mesma facilidade que Amy. De vez em quando, porém, o Definidor precisa de ajuda para chegar a uma conclusão. Se for esse o caso, convoque uma "pesquisa de intenção de voto" rápida e silenciosa para coletar opiniões da equipe.

Pesquisa de intenção de voto (se o Definidor precisar de ajuda)

Peça a todos da equipe que escolham o público e o evento que, segundo eles, são os mais importantes e os escrevam em um papel. Quando todos tiverem feito suas escolhas, registre os votos no mapa com um pincel atômico. Após a contagem dos votos, discuta qualquer diferença marcante de opinião. Isso deve ser o suficiente para ajudar o Definidor. Devolva-lhe a palavra para a decisão final.

Assim que tiver um alvo, dê mais uma olhada nas perguntas do sprint. Geralmente, não se pode responder a todas em um único sprint, mas uma ou mais devem estar alinhadas com o alvo. Em nosso sprint com a Flatiron, o alvo (coordenadores procurando ensaios que combinem com pacientes) coincidia com a pergunta "As clínicas mudarão seu fluxo de trabalho?". Esperávamos encontrar a resposta testando uma solução com coordenadores na vida real.

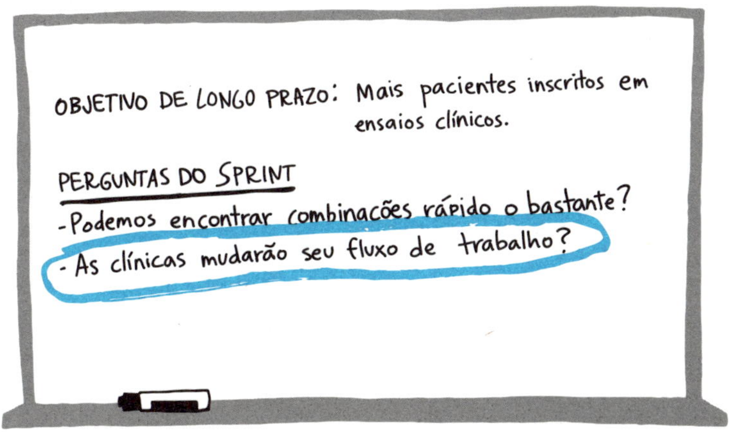

O alvo da Flatiron Health coincidia com uma das perguntas do sprint.

Na segunda-feira à tarde, você terá identificado um objetivo de longo prazo e as questões a serem respondidas pelo caminho. Terá feito um mapa e circulado o alvo do sprint. Todos os membros da equipe vão ter as mesmas informações, e todos entenderão o objetivo da semana. Em seguida, na terça-feira, será a hora de achar soluções.

NOTAS AO FACILITADOR

1. Peça permissão

Talvez você não se sinta à vontade conduzindo o grupo. Isso é natural. Até os Facilitadores mais experientes ficam nervosos. E, como reuniões estruturadas são incomuns na maioria das empresas, é possível que sua equipe não esteja acostumada à ideia. O que você deve fazer para começar com o pé direito?

Uma tática útil (aprendida com nosso amigo Charles Warren, *ex-googler*) é pedir a permissão do grupo logo no início. Diga a eles que você vai atuar como Facilitador e que controlará o tempo e o processo para que eles não precisem ter esse trabalho. Em seguida, pergunte: "Tudo bem?"

Não espere que todos gritem "Sim!" em uníssono, mas, como você pôs as cartas na mesa e deu a oportunidade de discordarem (o que provavelmente não farão), todos vão se sentir melhor em relação à dinâmica. E, o mais importante, você também vai.

2. ABC: sempre registre tudo

Não queremos que você se desespere. No entanto, se seu papel for o de Facilitador, a segunda-feira será o dia mais movimentado para você. Além de liderar o grupo em todas as atividades, você será responsável por algo simples, mas importante: registrar ideias-chave no quadro branco. Ou, como o empreendedor Josh Porter gosta de dizer: "Sempre registre tudo."

O Facilitador deve passar a segunda-feira inteira com um pincel atômico na mão. No decorrer das horas, você sintetizará no quadro as discussões do time. Na maior parte do tempo, conseguirá acompanhar os exercícios apresentados neste livro. No entanto, nem tudo se encaixa em nossos modelos. Sinta-se livre para improvisar durante o processo, fazendo listas de informações importantes, desenhando outros diagramas, e assim por diante.

Ao longo das atividades, pergunte à equipe: "Vocês acham que isto está certo?" Ou então: "Como devemos registrar isso?" Se perceber que o diálogo já não tem mais para onde ir, agilize as conclusões, perguntando: "Há alguma forma de registrarmos esse pensamento e seguirmos em frente?"

Lembre-se de que o quadro branco é o cérebro compartilhado da equipe. Se o mantiver organizado, você ajudará todo o time a ser mais inteligente, a se lembrar de mais coisas e a tomar decisões melhores e mais rápidas.

3. Faça perguntas óbvias

O Facilitador precisa perguntar "Por quê?" várias vezes e fazer perguntas cujas respostas todos já sabem. Lançar mão do óbvio garante que não haja interpretações erradas, e com frequência esclarece detalhes importantes dos quais nem todos estão a par.

Em nossos sprints com startups, temos uma vantagem injusta: somos intrusos que não sabem nada, então nossas perguntas ridículas são verdadeiras. Em seu sprint, você precisará agir como um intruso.

4. Cuide bem dos humanos

Como Facilitador, você não apenas estará conduzindo o sprint. Também será preciso manter a equipe concentrada e cheia de energia. Aqui estão alguns truques nossos:

Faça intervalos frequentes

Os intervalos são importantes. Gostamos de fazer uma pausa de dez minutos a cada sessenta ou noventa minutos, pois esse é o período máximo durante o qual um indivíduo pode permanecer concentrado em uma tarefa ou um exercício. Os intervalos também dão a todos uma oportunidade de fazer um lanche e tomar um café. Se a equipe não estiver com fome e/ou abstinência de cafeína, seu trabalho como Facilitador será muito mais tranquilo.

Almoce tarde

Almoce à uma da tarde para não ter que enfrentar a hora do rush na maioria dos restaurantes e lanchonetes. Esse horário também divide o dia exatamente na metade. Vocês trabalharão por três horas, das dez à uma, e em seguida por mais três, das duas às cinco.

Alimente-se de maneira leve e constante

Ofereça lanchinhos gostosos e nutritivos de manhã e durante o dia. E evite pratos pesados no almoço. Nada de *burritos*, pizzas, sanduíches de trinta centímetros ou buffets liberados. Aprendemos da pior maneira (*burritos* de comida indiana com *tortillas*) como esses alimentos podem acabar com o ritmo do grupo à tarde.

5. Decida e siga em frente

Em toda a semana do sprint, haverá grandes e pequenas decisões. Para as grandes decisões, apresentamos um roteiro (como escolher o alvo da segunda-feira ou filtrar os esboços na quarta-feira). No entanto, você precisará lidar com decisões menores por conta própria.

Decisões lentas são um desperdício de energia e ameaçam o cronograma do sprint. Não permita que o grupo se deixe levar por debates contraproducentes que não levem a equipe a decisão alguma. Quando uma decisão for lenta e pouco clara, será sua função como Facilitador solicitar uma posição do Definidor. Ele deve tomar a decisão a fim de que a equipe possa seguir em frente.

Terça-feira

Na segunda-feira, você e sua equipe definiram o desafio e selecionaram um alvo. Na terça-feira, trarão soluções. O dia começa em busca de inspiração: revisando as ideias existentes para **ajustar e aperfeiçoar**. Em seguida, à tarde, cada um fará **esboços** seguindo um processo de quatro passos que enfatiza o pensamento crítico em lugar da arte. Mais à frente na semana, os melhores esboços vão compor o plano para o protótipo e o teste. Esperamos que você tenha passado uma boa noite de sono e tomado um café da manhã balanceado, pois a terça-feira é um dia importante.

8

Ajuste e aperfeiçoe

Imagine que estamos no início do século XX. Você está bebendo uma boa xícara de café quentinho. Só que... não está tão boa assim. O pó do café fica grudado nos dentes, e o líquido é tão amargo que você contrai os lábios. Se não fosse pela cafeína, você provavelmente nem iria se dar ao trabalho de beber aquilo. Naquela época, o café era preparado como chá — mergulhando um saco de grãos moídos em água fervente. Era fácil errar na mão: deixar o café muito forte ou muito fraco, com muito pó no fundo da xícara. Algumas pessoas filtravam o café com coadores de pano, mas o material era poroso demais e difícil de lavar.

Em 1908, uma alemã chamada Melitta Bentz cansou de tomar café amargo cheio de pó. Convencida de que haveria uma forma melhor de fazer café, Bentz começou a procurar ao redor, em busca de ideias. Então, deparou-se com o papel mata-borrão no caderno do filho. O material era feito para remover o excesso da tinta. Era grosso e absorvente — e descartável.

Inspirada, Bentz arrancou uma folha do papel. Fez buracos em uma panela de latão com um prego, colocou a panela em cima de uma xícara, inseriu o papel, encheu com pó de café e derramou água quente.

A bebida resultante era suave, sem pó, e era muito fácil limpar após o uso. Bentz tinha inventado o coador de papel. Mais de cem anos depois, continua sendo uma das ferramentas mais populares (e eficazes) para fazer café.

Todos nós queremos um flash de inspiração divina capaz de mudar o mundo — e impressionar nossos colegas. Queremos criar algo completamente novo. Mas ideias incríveis não surgem assim. A lição de Melitta Bentz é que uma grande inovação é construída a partir de ideias já existentes, ressignificadas por uma visão. Os coadores de café já haviam sido experimentados, mas eram feitos de pano. E o papel mata-borrão? Ele já estava por ali.

Essa combinação entre ideias existentes não diminui em nada o feito de Bentz. Porém, é uma novidade promissora para o restante de nós, inventores em potencial. Em seu sprint, você seguirá o exemplo dela: ajustar e aperfeiçoar — mas nunca copiar cegamente.

Você iniciará a manhã da terça procurando ideias preexistentes que possam ser usadas à tarde para se chegar a uma solução. É como brincar com peças de Lego: primeiro, reúna os componentes úteis e, em seguida, transforme-os em algo original e novo.

Nosso método para coletar e sintetizar ideias preexistentes é um exercício que chamamos **Demonstrações-relâmpago**. Os membros da equipe vão se revezar fazendo **apresentações de três minutos** de suas soluções favoritas: de outros produtos, de áreas diferentes e de dentro da própria empresa. O propósito do exercício é encontrar matéria-prima, e não copiar os concorrentes. Achamos que analisar produtos da mesma indústria propicia benefícios limitados. Vez após vez, as ideias que geram as melhores soluções provêm de problemas semelhantes em ambientes diferentes.

A Blue Bottle queria ajudar os clientes a encontrar um café que adorassem. Mas todos os grãos de café são parecidos, então não adiantaria usar fotos. Para encontrar soluções úteis, a equipe fez Demonstrações-relâmpago de sites que vendiam tudo, de roupas a vinho, buscando maneiras de descrever detalhes sensoriais como sabor, aroma e textura.

No fim, foi uma embalagem de chocolate que forneceu a ideia mais útil. A Tcho é uma fábrica de chocolate de Berkeley, Califórnia. Na embalagem de cada barra de Tcho, há uma roda de sabores com apenas seis palavras: Claro, Frutado, Floral, Terroso, Nozes e Forte. Quando o pessoal da Blue Bottle viu aquela roda, todos tiveram uma inspiração, e durante a criação dos esboços alguém adaptou a ideia com um vocabulário simples de sabores para descrever os grãos de café:

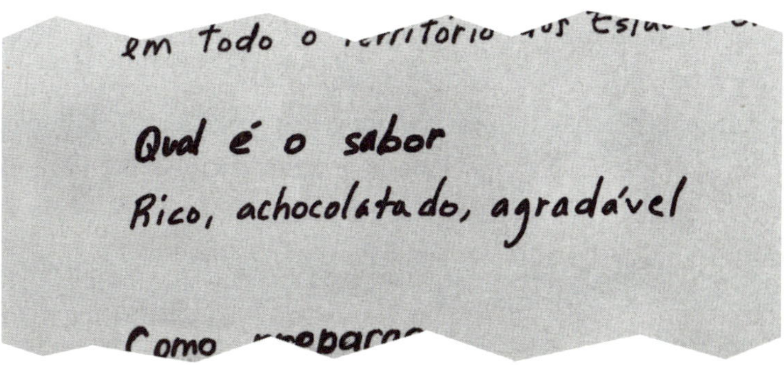

No teste da sexta-feira — e mais tarde, na nova loja on-line —, os clientes adoraram as descrições simples. Esse é um exemplo perfeito de quando encontramos inspiração fora de nossa área (e mais uma razão para saudarmos o chocolate).

Às vezes, a melhor forma de ampliar sua pesquisa é dar uma olhada dentro de sua própria organização. Grandes soluções muitas vezes surgem no momento errado, e o sprint pode ser a oportunidade perfeita para resgatá-las. Além disso, procure ideias já em progresso, mas que estão inacabadas — e até antigas ideias que foram abandonadas. No sprint da Savioke, um design inacabado para os olhos do robô tornou-se o coração da personalidade do Relay.

A Savioke queria evitar as expectativas geradas por robôs fictícios, que são capazes de travar diálogos e pensar de modo independente. Tanto Steve, o CEO, quanto Adrian, o designer-chefe, estavam convencidos de que era possível transmitir a ideia certa só por meio dos olhos. Na manhã da terça-feira do sprint com a Savioke, passamos uma hora analisando olhos. Revimos o olhar dos robôs de filmes e de personagens animados. Um se destacou: o de uma criatura não falante do longa de animação japonês *Meu Amigo Totoro*, com uma expressão pacífica transmitida por um olhar plácido que se movia lentamente.

No entanto, os olhos que conquistaram nossos corações estavam lá o tempo todo. Adrian nos mostrou uma série de estilos que havia criado muito antes do sprint. Um design tinha o toque pacífico da criatura de *Totoro*, combinado a um estilo visual simples que se encaixava perfeitamente na estética do robô. No teste da sexta, aqueles olhos singelos, piscando, transmitiram uma personalidade amigável sem prometer qualquer diálogo com os hóspedes.

Como na Savioke, você e sua equipe devem procurar tanto longe quanto dentro de casa por soluções existentes. Se fizerem isso, pode ter certeza de que descobrirão ideias surpreendentes e úteis.

Demonstrações-relâmpago

As Demonstrações-relâmpago são bastante informais. Vejamos como funcionam:

Faça uma lista

Peça a todos da equipe que criem uma lista de produtos ou serviços a serem analisados em busca de soluções inspiradoras. (Fazer essas listas durante o sprint é mais fácil do que parece — mas, se preferir, você pode passá-las como tarefa de casa na noite da segunda-feira.) Lembre às pessoas que não se restrinjam à indústria ou área em que atuam, mas que também considerem inspirações de dentro da companhia. No sprint da Flatiron, a equipe checou produtos no campo da medicina, como sites para ensaios clínicos e programas que analisavam o DNA. Mas também procuraram problemas semelhantes em áreas diferentes: ferramentas para filtrar e-mails, aplicativos de tarefas que organizavam listas de pendências, programas de gerenciamento de projetos e prazos, e até o modo como as linhas aéreas deixavam os passageiros configurarem notificações de voos. Por fim, checaram os projetos experimentais desenvolvidos por seus próprios engenheiros, mas que não haviam sido concluídos.

Tudo que você analisar deve conter algo a ser aprendido. Não vale a pena estudar produtos medíocres. Após alguns minutos de consideração, todos devem filtrar suas listas até ficarem apenas com um ou dois produtos de destaque. Escreva a lista coletada no quadro branco. É hora de dar início às demonstrações.

Faça demonstrações de três minutos

Uma de cada vez, as pessoas que sugeriram os produtos fazem uma apresentação para mostrar à equipe os pontos interessantes. É uma boa ideia usar um cronômetro: cada apresentação deve ter cerca de três minutos. (Caso você esteja se perguntando, sim, está liberado o uso de laptops, celulares e outros dispositivos para as apresentações. Gostamos de conectá-los a uma tela grande para que todos possam ver sem dificuldades.)

Registre boas ideias à medida que as apresentações são feitas

Suas Demonstrações-relâmpago de três minutos passarão rapidamente, e você não pode confiar na memória de curto prazo para guardar todas as boas ideias. Lembre-se do mantra "Sempre registre tudo" e faça anotações no quadro branco. Comece perguntando ao companheiro que está apresentando: "Qual é a grande ideia aqui que pode ser útil?" Em seguida, faça um desenho rápido desse componente inspirador, escreva um cabeçalho simples acima e anote a fonte logo abaixo.

Por exemplo, alguém da equipe da Flatiron achou que seria interessante ver como os comentários funcionavam no aplicativo Planilhas Google, para o caso de querermos acrescentar comentários a nossa ferramenta de combinação de ensaios clínicos. Rapidamente demonstramos o software, escrevemos a grande ideia ("Inclusão de comentários") e rabiscamos um desenho rápido:

O único objetivo dessas anotações é refrescar sua memória mais tarde, então não precisam ser bonitas nem detalhadas. Em geral, acabamos com um quadro branco cheio de ideias, como este do sprint da Flatiron:

A Flatiron encontrou muitos elementos interessantes, mas no fim acabou descartando quase todos. Se for anotando as ideias no quadro branco, você não precisará decidir quais terão que ser descartadas e quais valerá a pena ajustar e aperfeiçoar. Pode decidir isso depois, quando começar a fazer esboços — uma forma muito mais eficiente de gastar sua energia. Por enquanto, não tome decisões nem estimule debates. Apenas registre tudo que *pode* ser útil.

No fim das Demonstrações-relâmpago, haverá de dez a vinte ideias cobrindo o quadro branco. Isso é o suficiente para garantir que as melhores inspirações de cada integrante foram capturadas — mas também é um conjunto pequeno o bastante para não sobrecarregar a equipe quando vocês fizerem os esboços. Como aconteceu com a lista de ideias da Flatiron, a maioria não vai dar em nada, porém uma ou duas vão inspirar uma ótima solução. Se realmente procurar, é muito provável que você encontre seu papel mata-borrão.

Quando combinar as ideias que capturou no mapa de segunda, as perguntas e as notas Como poderíamos, você terá uma boa reserva de matéria-prima. À tarde, transformará essa matéria-prima em soluções. Antes disso, precisará traçar uma estratégia rápida. Seria melhor sua equipe se dividir para atacar partes diferentes do problema ou todos vocês devem se concentrar no mesmo ponto?

A Blue Bottle Coffee tinha um alvo específico para o sprint: ajudar clientes a escolher os grãos. Contudo, diversos elementos secundários do site estavam envolvidos: a página principal, a lista de diferentes tipos de café e o carrinho de compras. Sem um plano, todos os integrantes do sprint poderiam ter trabalhado em esboços da mesma parte (digamos, a página inicial), deixando a Blue Bottle sem ideias suficientes para um protótipo completo. Assim, eles se dividiram. Cada pessoa escolheu uma parte do problema, e em seguida a equipe checou a distribuição no diagrama a seguir.

Como você pode ver, a distribuição não era igualitária, mas a equipe dividiu-se de maneira a garantir que houvesse pelo menos duas soluções para cada parte importante.

Divida ou agrupe

Você deveria dividir o problema? Dê uma boa olhada no mapa e discuta rapidamente com a equipe. Se tiverem escolhido um alvo muito específico, talvez seja bom pular as atribuições e deixar a equipe se concentrar na mesma parte do problema. Se houver muitos itens importantes a serem tratados, o melhor a fazer é dividir.

Se você achar melhor dividir, a forma mais fácil de fazê-lo é pedir a cada um que escreva a parte na qual está mais interessado. Em seguida, ande pela sala e escreva o nome de cada pessoa perto da porção do mapa em que ela quer trabalhar nos esboços. Se houver muitas pessoas interessadas na mesma parte e um número insuficiente em outra, convide voluntários a trocarem.

Depois que cada um souber sua tarefa, é hora de almoçar. Vocês vão precisar de energia à tarde, porque, após toda a preparação, finalmente terão a chance de esboçar algumas soluções.

Espere um minuto. Alguém disse "esboçar"?

9

Faça esboços

Serah Giarusso, a responsável pelo atendimento ao cliente da Blue Bottle Coffee, parecia inquieta. E não era a única. James Freeman, o CEO, estava com a testa franzida.

Era terça-feira à tarde do sprint da Blue Bottle. A luz do sol formava retângulos no carpete. Em algum lugar da rua lá fora, um carro buzinou. E ali, no meio da sala do sprint, em cima de uma mesinha de centro, estava a fonte da consternação da equipe: uma pilha de papel, umas dez pranchetas e um copo de papel cheio de canetas pretas.

Alguém deu um pigarro. Foi Byard Duncan, o gerente de comunicação da empresa. Quando todos se viraram, ele abriu um sorriso tímido.

"Então...", começou ele. "E se a pessoa não souber desenhar?"

Na tarde da terça-feira, é hora de criar soluções. Mas não haverá brainstorming algum; ninguém gritando mais alto do que os outros; nenhum julgamento abafado para que ideias doidas dos outros se desenvolvam. Em vez disso, cada um trabalhará individualmente, sem pressa, e fará esboços.

Apesar de sermos nerds de tecnologia, acreditamos na importância de se começar pelo papel. É uma boa forma de nivelar as coisas, pois todo mundo pode escrever, desenhar caixinhas e expressar suas ideias com a mesma clareza. Se não souber desenhar (ou, ainda, se *acha* que não sabe desenhar), não se desespere. Muitas pessoas ficam preocupadas com a ideia de botar a caneta no papel, mas qualquer um — absolutamente qualquer um — pode fazer o esboço de uma boa solução.

Para ilustrar o que estamos falando, vamos dar uma olhada em um dos esboços produzidos no sprint da Blue Bottle Coffee — uma solução chamada "O leitor de mentes". Cada nota autoadesiva representa uma página no site da Blue Bottle.

A grande ideia por trás de "O leitor de mentes" era organizar a loja on-line seguindo a estrutura que teria o diálogo do barista com um cliente. Como se pode ver nos três quadros, essa solução começa com um cumprimento de boas-vindas, para então perguntar como o cliente faz o café em casa antes de oferecer recomendações e um guia de preparação. A ideia é complexa, mas o desenho é objetivo: composto principalmente por caixas e textos — o tipo de coisa que qualquer pessoa pode fazer.

Mais tarde na semana, a equipe criou um protótipo realista baseado em "O leitor de mentes", com os detalhes acrescentados a partir de alguns outros esboços. O protótipo se encontra na página 136.

Na sexta-feira, quando foi mostrada a clientes de verdade, a solução "O leitor de mentes" foi muito eficaz. Suscitou confiança na qualidade do café e levou os clientes a explorar o site. Eles encontraram grãos que quiseram comprar. Descreveram o pro-

O Leitor de Mentes

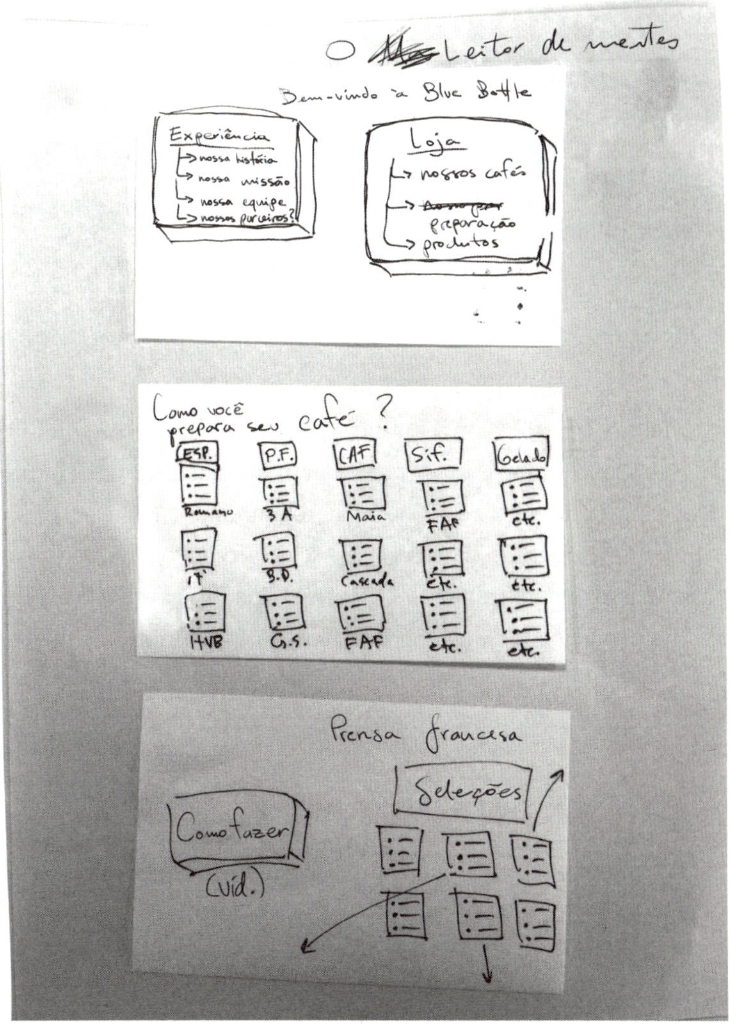

Uma solução do sprint da Blue Bottle Coffee. Cada nota autoadesiva representa uma página do site.

tótipo como “muito melhor” do que sites de lojas concorrentes, e mencionaram que “com certeza essas pessoas conhecem café”. O protótipo foi o grande vencedor do teste da sexta, tornando-se a base do novo site da Blue Bottle.

“Bem-vindo” “Como você faz café?” “Recomendações”

E, no fim das contas, sabe quem desenhou essa solução? Não foi um designer, um arquiteto nem um ilustrador. Foi Byard Duncan, o Homem Que Não Sabia Desenhar.

Viram? A tarde da terça-feira é para esboços, porém, mais do que isso, é para soluções. Quando sua equipe avaliar os esboços na quarta-feira para decidir quais são os melhores, e quando vocês testarem o protótipo na sexta, é a qualidade das soluções que vai fazer a diferença, e não o talento artístico dos desenhos.

O poder dos esboços

Imagine que você tem uma grande ideia, na qual passou semanas pensando. Decide partir para a ação, descreve a ideia para os colegas, e... eles olham confusos para você. Talvez você não esteja explicando bem. Talvez o momento não seja apropriado. Seja qual for a razão, eles simplesmente não conseguem entender. Frustrante, não é? E vai ficar pior.

Agora, imagine que seu chefe sugere uma ideia alternativa. Ela acabou de surgir na cabeça dele, e você percebe de imediato que a ideia não foi bem formulada nem vai funcionar. Mas todos os seus colegas concordam! Talvez seja porque a ideia do chefe é vaga e cada um a interpretou da sua própria maneira. Talvez todo mundo esteja de acordo porque ele é o chefe. Seja como for, *game over*.

Certo, agora volte à realidade. Esse foi um cenário imaginário, só que é mais ou menos o que acontece quando as pessoas tomam decisões sobre ideias abstratas. Como ideias abstratas não contêm detalhes concretos, é fácil subestimá-las (como aconteceu com a sua ideia) ou superestimá-las (como aconteceu com a ideia do chefe).

Não pedimos que você faça esboços na terça-feira porque é divertido, mas porque estamos convencidos de que são a forma mais rápida e fácil de transformar ideias abstratas em soluções concretas. Depois que se tornam palpáveis, as ideias podem ser avaliadas de modo crítico e justo pelo restante do time — sem nenhuma necessidade de vendê-las. E, talvez o mais importante de tudo, os esboços permitem que cada pessoa desenvolva conceitos concretos trabalhando individualmente.

Trabalhe individualmente em conjunto

Sabemos que, quando trabalham sozinhos, os indivíduos geram soluções melhores do que grupos em sessões de brainstorming.[1] O trabalho individual nos oferece tempo para pesquisar, encontrar inspiração e pensar sobre o problema. E a pressão da responsabilidade que o trabalho individual provoca nos leva, com frequência, a produzir muito melhor.

1 Jake aprendeu o problema do brainstorming da maneira mais difícil, mas muitos pesquisadores chegaram à mesma conclusão. Um exemplo é um estudo conduzido em Yale em 1958. Indivíduos competiram contra grupos de brainstorming na solução do mesmo problema. Os indivíduos se sobressaíram. Produziram mais soluções, e suas soluções foram independentemente julgadas e consideradas de maior qualidade e mais originais. Toma essa, brainstorming! Ainda assim... mais de meio século depois, equipes continuam conduzindo sessões de brainstorming. Talvez seja porque "brainstorming" é uma palavra que não sai da cabeça.

Trabalhar sozinho, contudo, não é fácil. O indivíduo precisa não apenas resolver o problema, mas também *inventar uma estratégia* para resolvê-lo. Se você já se sentou para trabalhar em um projeto importante e acabou lendo as notícias em vez disso, sabe como pode ser difícil proceder dessa forma.

Em nossos sprints, trabalhamos individualmente, mas seguimos passos específicos para ajudar todo mundo a se concentrar e a fazer progressos. Quando cada um produz esboços sozinho, ele ou ela terá tempo para refletir profundamente. Quando a equipe inteira trabalha em paralelo, nascem ideias concorrentes sem o *groupthink* presente no brainstorming. Você pode chamar esse método de "trabalho individual em conjunto".

Os esboços que vocês criarem na terça-feira servirão como combustível para o restante do sprint. Na quarta, vocês avaliarão os esboços de todos e escolherão os melhores. Na quinta, vão transformá-los em um protótipo. E, na sexta, testarão as ideias com os clientes. É muita coisa extraída de um punhado de desenhos, e isso pode levá-lo a pensar que esperamos uma obra genial, saída diretamente do caderno de Leonardo da Vinci. De jeito nenhum. Para analisarmos o poder dos esboços, vamos dar uma olhada em algumas soluções do sprint da Blue Bottle:

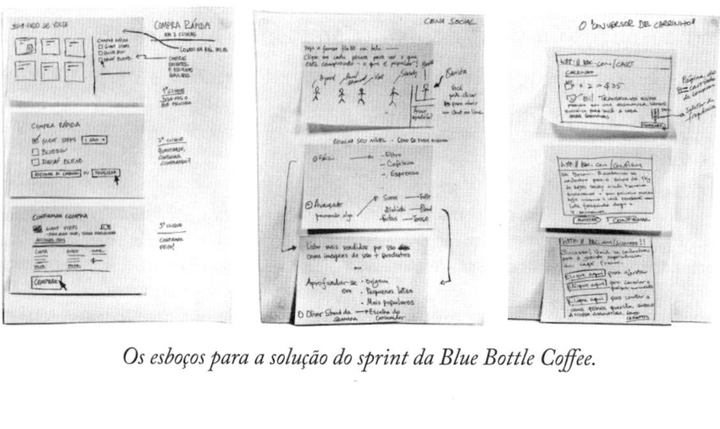

Os esboços para a solução do sprint da Blue Bottle Coffee.

Como você pode ver, esses esboços são detalhados, mas não são obras de arte. Cada um consiste em palavras, caixas e um boneco palito ou outro, desenhados em papel A4 comum, em notas autoadesivas comuns e com uma caneta comum.

Simples, não é mesmo? Então... Ok, você está pronto. Vá em frente e esboce uma ótima solução!

Estamos só brincando. Aquela folha de papel em branco sempre nos desencoraja. Assim, inspirados pelo especialista em produtividade David Allen, quebramos o processo em etapas. Em seu livro *A arte de fazer acontecer*, Allen oferece uma estratégia inteligente para tarefas intimidadoras. O segredo, segundo ele, é não pensar na tarefa como um trabalho monolítico (como "pagar impostos"), mas encontrar a primeira pequena ação necessária para fazer progresso (como "reunir papelada para impostos") e partir desse ponto.

O Esboço em quatro etapas

Quando começou a conduzir sprints, Jake tentou recriar suas próprias sessões de trabalho mais bem-sucedidas. Ele era mais eficiente quando reservava um tempo de preparação para revisar informações-chave, iniciava seu trabalho de design no papel, considerava múltiplas variações e, em seguida, se dedicava a criar uma solução detalhada. E Jake, por ser um procrastinador de primeira, também era mais eficiente com prazos apertados.

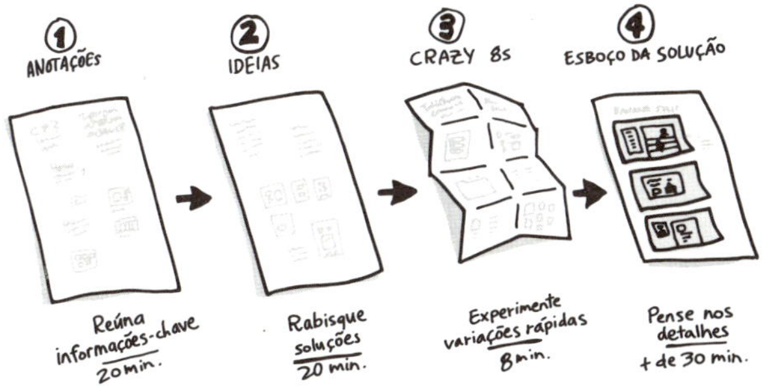

O Esboço em quatro etapas contém cada um desses elementos importantes. Você começará com vinte minutos de preparação, fazendo anotações sobre os objetivos, as oportunidades e as inspirações que coletou na sala. Em seguida, terá mais vinte minutos para anotar ideias rudimentares. Então, será a hora de flexibilizar e explorar ideias alternativas e com um rápido exercício de esboço chamado Crazy 8s. Por fim, você usará trinta minutos ou mais para desenhar o esquema de sua solução — um único conceito bem formado e com todos os detalhes definidos.

1. Anotações

A primeira etapa é superfácil. Você e sua equipe vão andar pela sala, checar os quadros brancos e fazer anotações. Essas anotações são uma coletânea de "maiores sucessos" das últimas 24 horas do sprint. Serão uma forma de refrescar sua memória antes de começar a trabalhar em uma solução.

Primeiro, copie o objetivo de longo prazo. Em seguida, dê uma olhada no mapa, nas perguntas Como poderíamos e nas anotações feitas a partir das Demonstrações-relâmpago. Escreva tudo o que lhe parecer útil. Não se preocupe com novas ideias nem com organização. Essas anotações são apenas para você.

Dê à equipe vinte minutos para fazer anotações. Durante esse período, sinta-se à vontade para consultar materiais de referência no laptop ou no celular. Às vezes, alguns querem dar uma nova olhada em algo que viram de manhã nas Demonstrações-relâmpago ou pesquisar alguns detalhes específicos do produto ou site de sua companhia. Seja qual for o propósito, esse momento é uma das poucas exceções à regra que proíbe os aparelhos eletrônicos. E não se esqueça de reexaminar ideias antigas. Lembre-se de que muitas vezes são as soluções mais fortes.

No fim dessa etapa, a equipe deve fechar laptops e desligar celulares. Tirem mais três minutos para revisar o que tiverem escrito. Circulem as anotações que se destacarem. Elas os ajudarão na próxima etapa.

2. Ideias

Agora que todo mundo tem uma pilha de anotações, chegou a hora de ativar o "modo ideias". Nessa etapa, cada pessoa escreverá ideias rudimentares, enchendo uma folha de papel com desenhos, títulos experimentais, diagramas e bonecos palito representando alguma ação — qualquer coisa que dê forma a seus pensamentos.

Não importa se essas ideias ficarem bagunçadas ou incompletas. Assim como as anotações, essas páginas não serão compartilhadas com a equipe. Pense nelas como um "bloco de rascunho". E não tem como errar. Contanto que todos estejam pensando e escrevendo coisas no papel, vocês vão estar na trilha do sucesso.

Talvez suas ideias tenham essa aparência, talvez não. Contanto que esteja escrevendo as coisas, você está no caminho certo.

Usem vinte minutos para conceber ideias. Quando tiverem terminado, passem mais três minutos revisando e circulando suas favoritas. Na próxima etapa, é hora de refinar esses elementos promissores.

3. Crazy 8s

O Crazy 8s é um exercício acelerado. Cada integrante pega suas ideias mais promissoras e rabisca rapidamente oito variações em oito minutos. O Crazy 8s nos força a passar de nossas primeiras soluções razoáveis a versões melhores, ou ao menos a considerar alternativas.

E, antes de você ter a ideia errada, o "crazy" [louco] do nome refere-se ao ritmo, e não à natureza das ideias. Esqueça o conselho tradicional do brainstorming para ser engraçado. Queremos que você se concentre em boas ideias — aquelas nas quais acredita que vão funcionar e vão ajudá-lo a alcançar suas metas — e, então, use o Crazy 8s para ajustá-las e expandi-las.

Cada um começa o Crazy 8s com uma única folha de papel A4. Dobre o papel no meio três vezes para ficar com oito partes. Ajuste um cronômetro para sessenta segundos. Aperte "iniciar" e comece a fazer esboços — você tem sessenta segundos por seção para um total de oito minutos nos quais criará oito esboços em miniatura. Seja rápido e bagunceiro: assim como as anotações e as ideais, o que for gerado pelo Crazy 8s não será compartilhado com a equipe.

O exercício funciona melhor se você desenhar versões variadas da mesma ideia. Escolha um item favorito de sua folha de ideias e pergunte a si mesmo: "Qual seria outra boa forma de fazer isso?" Continue até não conseguir mais pensar em nenhuma variação. Então, cheque mais uma vez a folha, escolha outra ideia e comece a trabalhar nela.

O Crazy 8s também é um ótimo exercício de escrita. Se sua ideia contém palavras, títulos para fins de marketing ou qualquer trecho de texto, você pode usar o Crazy 8s para melhorar as formulações. Como será visto na próxima etapa, escrever muitas vezes é o componente mais importante do esboço da solução.

Crazy 8s do sprint da Blue Bottle Coffee. Os quadros exibem experiências com diferentes frases ("coa manual" vs. "café coado"), navegações e layouts.

Às vezes, o Crazy 8s leva a uma revelação. É possível que você termine com várias maneiras novas de encarar suas ideias. Outras vezes, parece menos produtivo. Há ocasiões em que aquela primeira ideia é de fato a melhor. Seja como for, o Crazy 8s nos ajuda a considerar alternativas — e também serve como um excelente aquecimento para o evento principal.

Equipe do GV fazendo esboços com os fundadores de uma startup chamada Move Loot.

4. Esboço da solução

Você se lembra de quantas vezes dissemos "Não se preocupe, ninguém vai ver isso"? Agora, acabou. O esboço da solução é a melhor ideia de cada um colocada em detalhes no papel. Cada esboço é uma hipótese baseada em opiniões de como resolver o desafio. Esses esboços serão examinados — e julgados! — pelo restante da equipe. Precisam ser detalhados, bem pensados e fáceis de entender.

Todo esboço será um storyboard de três painéis desenhados em notas autoadesivas, exibindo o que seus clientes verão ao interagir com seu produto ou serviço. Gostamos do formato do storyboard porque produtos e serviços são mais semelhantes a filmes do que a fotos. Os clientes não vão aparecer apenas em um quadro congelado e desaparecer no próximo. Em vez disso, vão navegar por sua solução como atores em uma cena. A solução precisa acompanhá-los em cada passo.

Em geral, usamos o formato de três painéis, mas há exceções. Às vezes, um sprint se concentra em uma única parte da experiência do cliente. Por exemplo: a página inicial de um site, a capa de um relatório médico, o saguão de um escritório ou até a capa de um livro. Se o desafio da equipe é de "uma cena" apenas, você pode preferir criar um esboço de uma página inteira para exibi-lo com mais detalhes.

Seja qual for o formato, há algumas regras importantes para se ter em mente:

1. Deve ser autoexplicativo

Na manhã da quarta-feira, você vai colar seu esboço na parede para todo mundo ver. É necessário que o trabalho dispense explicações. Pense nesse esboço como o primeiro teste para sua ideia. Se ninguém conseguir entendê-la em forma de esboço, é provável que também não seja de fácil compreensão quando for finalizada.

2. Deve ser anônimo

Não coloque seu nome no esboço e certifique-se de que todos usem o mesmo papel e as mesmas canetas pretas. Na quarta, quando vocês avaliarem os esboços de todos, o anonimato tornará bem mais fácil criticar e escolher as melhores ideias.

3. Tudo bem se ficar feio

Seu esboço não precisa ser caprichado (caixinhas, bonecos palito e palavras serão o suficiente), mas precisa ser detalhado, bem pensado e completo. Seja o mais organizado possível, mas não se preocupe se não for um grande artista. Por outro lado...

4. Palavras são importantes

Já fizemos sprints com startups de todo tipo de indústria. Há uma constante surpreendente: a importância das palavras. Um bom texto é especialmente necessário para software e marketing, uma vez que as palavras compõem a maior parte da tela. Contudo, escolher as palavras certas é crucial para qualquer meio. Portanto, dê uma atenção especial à escrita em seu esboço. Não use "lorem ipsum" nem desenhe linhas para indicar o lugar onde o texto ficará. O texto terá uma grande importância para a explicação de sua ideia — dessa forma, faça algo realista e de qualidade!

5. Use um título marcante

Já que seu nome não estará no esboço, dê um título a ele. Mais tarde, os títulos vão ajudá-lo a identificar as diferentes soluções quando for avaliá-las e selecioná-las. São também uma forma de chamar atenção para a ideia que está sendo proposta. (Byard Duncan deu a seu esboço o título "O leitor de mentes" em parte por diversão, e em parte para realçar a ideia de fazer a combinação perfeita com o café.)

Ok, prepare o papel. Consulte as anotações, as ideias e o Crazy 8s. Então, aperte os cintos e certifique-se de que seu assento se encontra na posição vertical e de que a mesa de refeições está completamente fechada. Os esboços da solução estão prontos para decolar.

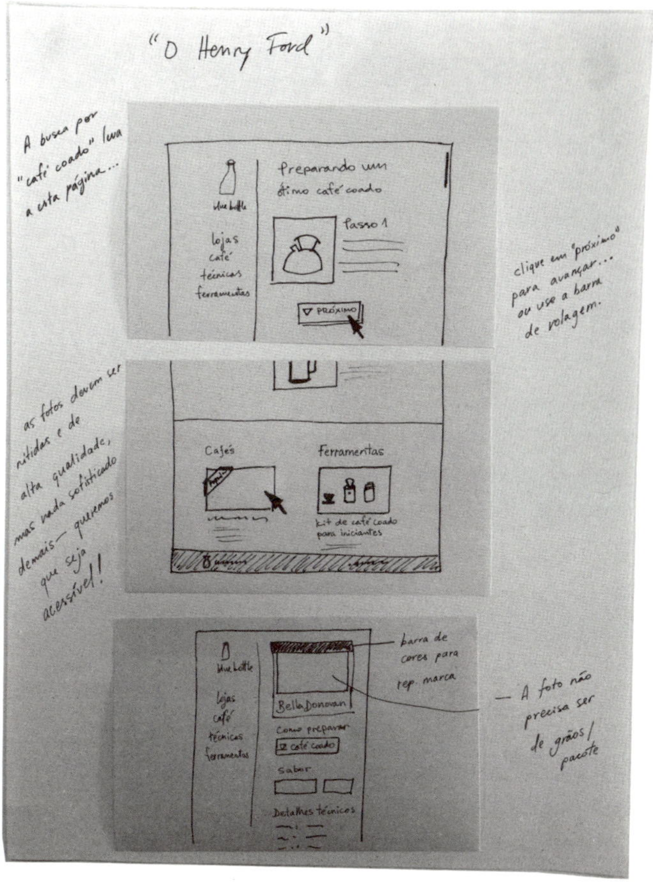

Esboço da solução para o sprint da Blue Bottle Coffee. Para aprender como essa ideia funciona, leia as anotações começando pelo topo — como se fosse uma revista em quadrinhos: no primeiro painel, o cliente lê um tutorial para a preparação do café. No segundo, clica em um link para recomendar grãos de café. No terceiro, encontra detalhes sobre os grãos.

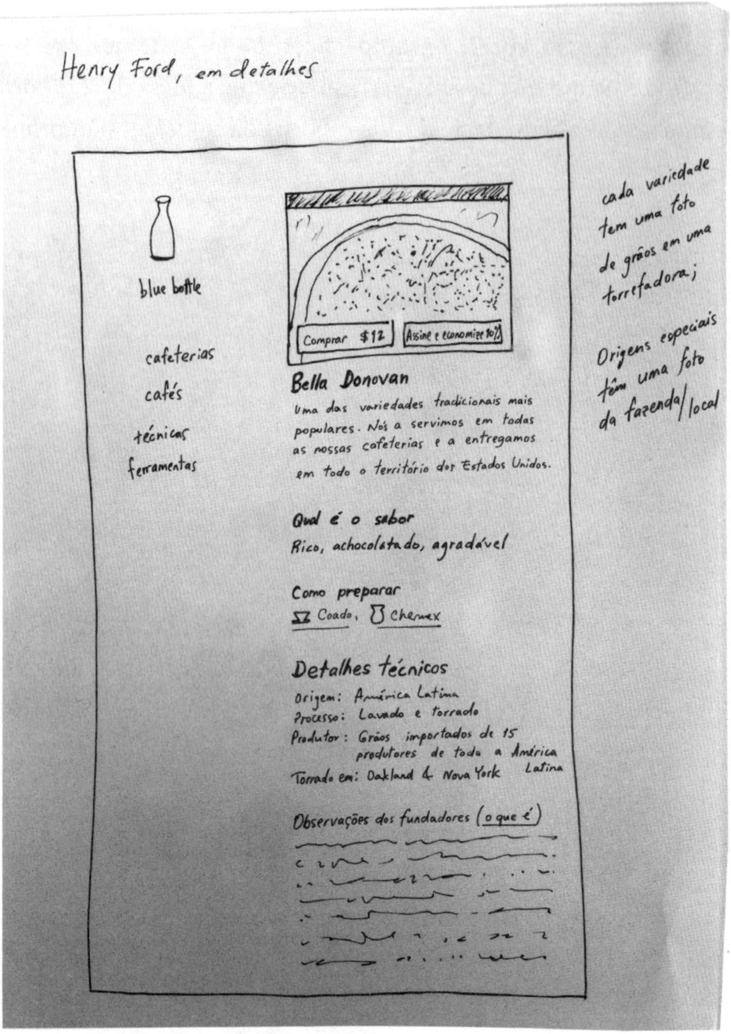

Versão em uma folha só do mesmo esboço do sprint da Blue Bottle. Em vez de um storyboard, a página inteira apresenta uma tela da loja on-line em detalhes.

Cada pessoa é responsável pela criação de um esboço. Se alguns se sentirem inspirados e quiserem fazer mais de um, não tem problema, mas sem exageros. Cada esboço extra implica em mais trabalho durante o processo de revisão e seleção na quarta-feira. Além disso, observamos que o primeiro lote costuma ser o mais forte, com uma diminuição na qualidade dos resultados a partir do décimo, décimo segundo, mais ou menos. Trinta minutos devem ser o suficiente para que todos concluam um esboço.

Depois que cada um na equipe tiver terminado, coloque os esboços em uma pilha, mas resista à tentação de dar uma olhada. Você só terá uma chance de vê-los pela primeira vez. Portanto, guarde seu olhar fresco para a quarta-feira.

NOTAS AO FACILITADOR

Encontre representantes de seu público-alvo para a sexta-feira

Na segunda ou na terça, damos início ao processo de encontrar pessoas para o teste de sexta. Isso significa que alguém terá trabalho extra fora do sprint. Essa pessoa terá a semana inteira — mas apenas uma ou duas horas por dia — para identificar, selecionar e recrutar os mais compatíveis. O Facilitador estará muito ocupado, então o ideal é que outra pessoa assuma a responsabilidade pelo recrutamento.

Há duas formas de encontrar as pessoas certas para seu teste. Se você tem um público fácil de encontrar, pode usar a Craigslist, site gratuito de anúncios,* ou algo parecido. Se tem um público difícil de encontrar, use sua rede de contatos.

Recrute clientes com a Craigslist

Na maior parte das vezes, para recrutar pessoas exatamente compatíveis com nosso público-alvo, usamos a Craigslist. Sabemos que parece loucura, mas dá certo. Foi assim que encontramos participantes perfeitos para os testes com a Savioke e a Blue Bottle Coffee — e dezenas de outras empresas. O segredo é postar um anúncio genérico que atraia uma

* A rede de comunidades on-line Craigslist é bastante difundida no território norte-americano, onde se tornou uma referência em anúncios. Embora a Craigslist contemple algumas cidades brasileiras, sua cobertura no país é incipiente, e essa etapa talvez não seja eficaz por aqui. [N. do E.]

ampla audiência, e então adicionar um link para uma pesquisa a fim de filtrar a audiência e alcançar o público-alvo.

Em primeiro lugar, você redigirá o anúncio genérico. Tenha cuidado para não revelar o que está testando ou o tipo de cliente que está procurando. Oferecemos uma pequena compensação financeira ou brinde — geralmente, um vale-presente de 100 dólares — para atrair o interesse dos clientes em potencial. Poste algo como:

> **$100 por entrevista para pesquisa de mercado em 2 de agosto (São Francisco)**
>
> Estou agendando entrevistas de 60 minutos para uma pesquisa em São Francisco na quinta-feira, 2 de agosto. Os participantes selecionados que fizerem a entrevista receberão um vale-presente da Amazon no valor de $100. Por favor, preencha este rápido questionário. Clique aqui.

Como se vê, esse anúncio poderia ser sobre qualquer coisa — robôs, café, robôs que preparam café, o que quiserem. Um anúncio genérico em uma cidade grande pode atrair centenas de candidatos. Assim, com a ferramenta certa de pesquisa, você conseguirá encontrar cinco pessoas que se encaixem no perfil de seu público.

Escreva a pesquisa de seleção de participantes

Essa pesquisa é um questionário simples para ser preenchido por pessoas interessadas. Você vai ter que fazer as perguntas certas para encontrar as pessoas certas. Comece anotando as características dos clientes que deseja testar. Em seguida, traduza essas características em algo que possa descobrir com sua pesquisa. Faça o mesmo com as características que deseja excluir (por exemplo, pessoas que possuem conhecimento demais em seu ramo).

A Blue Bottle Coffee queria entrevistar "consumidores de café apaixonados por comida". Para encontrar esses indivíduos, usamos critérios mensuráveis como: beber pelo menos uma xícara de café por dia, ler blogs e revistas sobre culinária e comer em restaurantes pelo menos uma vez por semana. Excluímos as pessoas que não faziam café em casa ou que tomavam café com pouca frequência.

Em seguida, escreva perguntas para cada um de seus critérios. É importante fazer perguntas que não revelem as respostas "certas" — alguns tentarão forjar determinadas respostas da pesquisa só para ganhar o vale-presente. Por exemplo, em vez de perguntar às pessoas se frequentam restaurantes, pergunte: "Em uma semana comum, quantas vezes você come fora?" Em vez de perguntar se os candidatos leem blogs sobre culinária, experimente algo como: "Você lê regularmente blogs ou revistas dedicados a algum dos seguintes tópicos?"

- ❑ Esportes
- ❑ Culinária
- ❑ Notícias
- ❑ Café
- ❑ Bebidas

- ❑ Educação de filhos
- ❑ Jardinagem
- ❑ Carros

Tínhamos uma resposta "certa" em mente para cada um dos exemplos citados, mas a pessoa que estava fazendo o questionário não podia prever qual era.

Depois de transformar seus critérios em perguntas, crie sua pesquisa. Sempre usamos o Google Forms — é fácil criar os formulários, e as respostas vão direto para uma planilha do Google na qual podemos classificar e filtrar os dados.

Quando sua pesquisa estiver pronta e seu anúncio for postado na internet, as respostas vão começar a chegar. Analise os resultados e escolha os clientes em potencial que se encaixem em seus critérios. Na quarta-feira à tarde, você pode começar a entrar em contato com as pessoas e a marcar entrevistas para a sexta.

A Craigslist funciona surpreendentemente bem para encontrar pessoas que não estão familiarizadas com sua empresa. Mas e quanto a pessoas que já fazem parte de sua clientela ou profissionais com trabalhos incomuns, mais difíceis de encontrar? Você vai precisar de uma estratégia diferente.

Recrute clientes de sua rede de contatos

Encontrar membros de sua clientela geralmente é muito fácil. Você já deve ter um meio de entrar em contato com eles — considere newsletters por e-mail, cartazes em seu estabelecimento, anúncios no Twitter, no Facebook ou até no próprio site.

Na verdade, o público "difícil de encontrar" também não é tão difícil assim. Eis o motivo: se for de uma companhia de tratamento oncológico, você provavelmente conhece alguns oncologistas. Se trabalha com finanças, deve conhecer outras pessoas que trabalham com finanças. E por aí vai. Suas equipes de vendas ou desenvolvimento de negócios podem ajudá-lo a conseguir contatos. E, se isso não funcionar, você ainda pode recorrer a associações de profissionais, comunidades, grupos estudantis ou a sua rede pessoal. Quando entrevistamos gerentes de restaurantes para um sprint em 2011, entramos em contato com o diretor de uma associação local de restaurantes.

Independentemente de estar procurando clientes em potencial que são difíceis de encontrar, pessoas que já são seus clientes ou recrutando uma audiência mais ampla com a Craigslist, uma parte do processo não deveria mudar nunca. Certifique-se de que os candidatos à entrevista se encaixem em seus critérios. Com apenas cinco entrevistas, é importante conversar com as pessoas certas.

O sprint inteiro depende de conseguir dados válidos no teste da sexta-feira. Portanto, seja lá quem assuma a responsabilidade de recrutar os entrevistados, é necessário levar a sério essa tarefa. Mesmo que o recrutamento se dê nos bastidores, essa fase é tão importante quanto as atividades em equipe. Para ver a amostra de uma pesquisa de seleção e outros recursos on-line, dê uma olhada em thesprintbook.com [conteúdo em inglês].

Quarta-feira

Na manhã da quarta-feira, você e sua equipe já terão uma pilha de soluções. Isso é ótimo, mas também pode ser um problema. Vocês não têm como fazer protótipos nem teste com todas — o importante aqui é ter um plano sólido. De manhã, farão uma análise crítica de cada solução e vão **decidir** quais têm mais chance de alcançar seu objetivo de longo prazo. Em seguida, à tarde, pegarão os melhores cenários de seus esboços e vão ordená-los em um **storyboard**: um plano para o protótipo elaborado em um passo a passo.

10

Decida

Você conhece esse tipo de reunião. É daquelas que se arrastam, em que todo mundo desvia do assunto, desperdiçando tempo e energia. Aquelas que terminam com uma decisão que não deixa ninguém satisfeito — ou, pior, sem nenhuma decisão. Não somos antropólogos, mas observamos (e lutamos contra) muitos exemplos do comportamento humano no ambiente corporativo. Se deixados à própria sorte, nós, humanos, tendemos a debater da seguinte forma:

Ok, estamos exagerando, mas não muito. Talvez você reconheça esse tipo de vaivém. Alguém tem uma ideia para uma solução, o grupo a critica, alguém tenta explicar os detalhes, e então *outra* pessoa tem uma nova ideia:

Essas discussões são frustrantes, pois os humanos têm uma memória de curto prazo limitada e pouca energia para o processo de tomada de decisões. Quando pulamos de uma opção para outra, é difícil guardar detalhes importantes na cabeça. Por outro lado, quando debatemos uma ideia por tempo demais, acabamos cansando — como o juiz de um concurso para escolher a melhor sobremesa que se enche de torta de maçã antes de experimentar qualquer outra coisa.

Em geral, se queremos o benefício do ponto de vista de todos, somos forçados a suportar essa amolação. Mas não em um sprint. Estruturamos a quarta-feira para fazer uma coisa de cada vez — e fazê-la bem. Avaliaremos as soluções, criticaremos todas e tomaremos uma decisão — tudo de uma só vez. É mais ou menos assim:

Sua meta na manhã da quarta-feira é decidir quais soluções vão virar um protótipo. Nosso lema para essas decisões é "pouco espontânea, mas eficiente". Em vez de transcorrerem a esmo, suas discussões seguirão um roteiro. Essa estrutura pode parecer estranha para as relações sociais — se você se sentir como Spock, de *Jornada nas Estrelas*, então está fazendo tudo certo. Esse processo é feito de modo a extrair o máximo da expertise da equipe, adaptar-se a nossos pontos fracos e fortes e facilitar ao máximo a tomada de uma grande decisão.

Para mostrar mais ou menos como é a quarta-feira, gostaríamos de lhe apresentar outra startup. Essa companhia desenvolve software empresarial, mas não foi assim que começou sua jornada. Na verdade, o primeiro produto deles foi um video game chamado *Glitch*.

O *Glitch* era incomum: um jogo multiplayer sem combate. Em vez de lutarem, os jogadores eram incentivados a colaborar, solucionar problemas e conversar em grupos. Infelizmente — tire suas próprias conclusões sobre a sociedade —, esse jogo inusitado que focava no bom comportamento nunca atraiu um grande público.

Quando ficou claro que o *Glitch* não seria um sucesso, a empresa fez uma coisa estranha. Em vez de produzir um jogo diferente ou encerrar as atividades, adaptaram o trabalho para um projeto paralelo: um sistema de troca de mensagens que haviam desenvolvido originalmente para uso próprio. O fundador da startup, Stewart Butterfield, achava que esse sistema de mensagens poderia ser útil para outras companhias. Assim, eles o chamaram de Slack e o disponibilizaram para o público.

As empresas tecnológicas ficaram malucas pelo Slack. Um ano depois do lançamento, mais de quinhentas mil pessoas em mais de sessenta mil equipes usavam o sistema todos os dias. Para um software desenvolvido para o ambiente de trabalho, era um crescimento inédito. Quando foi anunciado que o Slack era o aplicativo empresarial com a maior taxa de crescimento de todos os tempos, a imprensa concordou.

O Slack estava crescendo rápido, mas — como qualquer outra equipe — eles tinham desafios, entre os quais manter o rápido crescimento. Muitas equipes que adotaram o Slack faziam parte de empresas de tecnologia, que costumam ter a mente aberta para testar novos programas. No entanto, o número de companhias desse ramo era limitado. Para continuar se expandindo, o Slack precisava encontrar uma forma melhor de explicar o produto para todo tipo de negócio. Era um problema complexo. À primeira vista, o software era simples: um aplicativo de troca de mensagens para o ambiente de trabalho. Contudo, sob uma análise mais profunda, a história era mais complicada.

O que levou o Slack a se tornar tão popular foi o fato de que o aplicativo mudou a maneira como as equipes funcionavam. Os grupos começaram a usar o serviço para enviar mensagens instantâneas, e muitos abandonaram o e-mail em favor do Slack. Mas o aplicativo não foi feito apenas para o envio de mensagens particulares. Quando uma equipe usava o Slack, todos os funcionários entravam em uma sala de bate-papo para se comunicar em grupo. Logo, o software substituiu as reuniões de check-in e os telefonemas. As equipes usavam-no para gerenciar projetos e ficar a par do que toda a companhia estava fazendo. Conectavam outros programas e serviços ao Slack, colocando tudo em um único lugar. O Slack tornou-se o eixo para todo o trabalho, e, de algum modo, essa eficiência e conectividade começaram a fazer as pessoas se sentirem melhor trabalhando. Como declarou um repórter do *The New York Times* — uma das corporações que adotaram o Slack: "Tenho uma sensação de intimidade com colegas do outro lado do país que é, de certa forma, divertida. Isso é muito importante em se tratando de trabalho."

A história completa do Slack, de como ofereceu um serviço acessível, e ao mesmo tempo diferente e melhor... Bem, essa história era *muito* difícil de explicar, especialmente à medida que o aplicativo foi se expandindo para outros públicos.

Merci Grace, uma gerente de produto que acabara de entrar na empresa, havia recebido a missão de resolver esse problema. Era tarefa de sua equipe descobrir como explicar o Slack para usuários em potencial. Merci decidiu começar com um sprint e nos convidou para participar, uma vez que o GV era um dos investidores da startup.

A equipe do sprint era formada por Merci, dois designers, um engenheiro e um marqueteiro, além de alguns de nós do GV. Na manhã da quarta-feira, tudo corria de acordo com o cronograma. Havia cerca de doze esboços da solução, todos colados às paredes de vidro com fita-crepe azul.

Andamos pela sala em silêncio, vendo as ideias uns dos outros pela primeira vez. Um esboço continha o estudo de caso de uma empresa muito conhecida que usava o Slack, outro apresentava um vídeo de animação e outro introduzia o software com um tour explicativo. As doze ideias para explicar o Slack eram diferentes, e todas tinham potencial. Seria uma decisão difícil.

Por sorte, não precisávamos fazer nenhuma escolha de imediato. Em vez disso, colamos etiquetas de bolinha ao lado das partes das ideias que achamos interessantes. Após alguns minutos, havia bolinhas agrupadas em quase todos os esboços. Quando concluímos nossa análise silenciosa, nós nos reunimos em um grupo e discutimos os esboços, um de cada vez. Mantivemos o debate sucinto nos concentrando nos aglomerados de bolinhas — e usando um cronômetro.

Levou pouco menos de uma hora para revisarmos todos os esboços. Quando terminamos, todo mundo pegou uma bolinha cor-de-rosa para dar seu voto final. Após alguns minutos de deliberação, cada pessoa colocou em silêncio o adesivo no esboço que queria transformar em protótipo e testar.

Depois de uma breve conversa, a decisão estava nas mãos de Merci, a Definidora, e de Stewart — que, como CEO, fez uma participação especial para dar sua opinião. Eles olharam para as bolinhas cor-de-rosa, pensaram por um momento e deram seus próprios "supervotos". E, com isso — sem debates sinuosos nem apresentações de ideias —, a decisão foi tomada.

No sprint do Slack, havia cerca de doze soluções para explicar o produto a novos usuários. Cada pessoa acreditava que a própria ideia funcionaria. E cada um poderia ficar uma hora explicando por quê. Mas, se tivéssemos dedicado uma hora à discussão de cada ideia, o dia teria chegado ao fim sem qualquer conclusão clara.

Em vez disso, usamos o processo do sprint para remodelar a discussão sem conclusões, transformando-a em um processo eficiente de análise crítica e tomada de decisão. No fim da manhã, sabíamos quais ideias queríamos testar.

A decisão que cola

Passamos anos otimizando nossas decisões em sprints para torná-las o mais eficientes possível. Ficamos, então, com um processo de cinco etapas — e, por coincidência, cada etapa envolve algo que cola:

1. **Museu de arte:** coloque os esboços das soluções na parede com fita-crepe.
2. **Mapa de calor:** analise todas as soluções em silêncio e use adesivos de bolinha para marcar as partes interessantes.
3. **Críticas-relâmpago:** discuta rapidamente os destaques de cada solução e use notas autoadesivas para registrar boas ideias.
4. **Pesquisa de intenção de voto:** cada um escolhe uma solução e vota com um adesivo de bolinha.
5. **Supervoto:** O Definidor toma a decisão final com — você já deve saber — mais adesivos.

Essa parte grudenta não é brincadeira. Os adesivos de bolinha nos permitem formar e expressar nossas opiniões sem longos debates, e com as notas autoadesivas registramos boas ideias sem precisarmos confiar em nossa memória de curto prazo. (Para uma lista de compras completa para seu sprint, veja os checklists no fim do livro.)

É claro que todas essas etapas têm outras razões de ser, mas vamos explicá-las à medida que avançarmos. Eis como funciona a Decisão que cola:

1. Museu de arte

O primeiro passo é simples. Quando vocês chegarem na manhã da quarta-feira, ninguém terá visto os esboços da solução ainda. Queremos que todos deem uma boa olhada em cada um. Para isso, roubamos uma ideia do Museu do Louvre, em Paris: penduramos na parede.

Para ser mais específico, use fita-crepe para colar os esboços na parede. Distribua-os em uma longa fileira, com um bom espaço entre um e outro, como se fossem pinturas em um museu. Esse espaço leva a equipe a se espalhar e a examinar cada esboço com calma, sem que ninguém fique se acotovelando. Também é uma boa ideia colocá-los em uma ordem mais ou menos cronológica, seguindo o storyboard.

2. Mapa de calor

Naturalmente, cada um deveria ter a mesma oportunidade de apresentar sua solução e explicar a lógica por trás dela. Bem... isso pode ser natural, mas não é o que você vai fazer.

Explicar ideias tem muitos pontos negativos. Quando alguém faz uma defesa convincente de uma ideia ou é um pouco mais carismático, a opinião dos outros acaba sendo influenciada. Se você associar a ideia ao criador ("Jamie sempre tem boas ideias"), a opinião também acaba sendo influenciada. Até mesmo se você souber *do que se trata a ideia*, a opinião acaba sendo influenciada.

É comum ver criadores apresentarem argumentos fantásticos para ideias medianas, ou usarem ótimas explanações para explicar o indecifrável. Entretanto, no mundo real, os criadores não estarão presentes para apresentá-las ou dar pistas. No mundo real, as ideias precisam se manter por conta própria. Se forem confusas para os especialistas de um sprint, há grandes chances de serem confusas para os clientes.

O exercício do mapa de calor garante que você extraia o máximo da primeira vez que olhar para os esboços. Assim, antes de a equipe começar a analisar, dê a todos um punhado de pequenos adesivos de bolinha (de vinte a trinta para cada um). Em seguida, cada pessoa seguirá estes passos:

1. Não fale.
2. Observe um esboço da solução.
3. Coloque adesivos ao lado das partes que agradarem (se houver alguma).
4. Coloque duas ou três bolinhas nas ideias mais promissoras.
5. Se tiver uma preocupação ou dúvida, escreva-a em uma nota autoadesiva e cole-a logo abaixo do esboço.
6. Prossiga para o próximo esboço e repita os passos.

Não há limites nem regras para essas bolinhas. Se as pessoas quiserem colocar bolinhas no próprio esboço, podem fazer isso. Se ficarem sem bolinhas, distribua mais para elas. No fim, você terá algo como:

Todas essas bolinhas criam um "mapa de calor" no topo dos esboços — parecido com o mapa climático de calor —, mostrando quais ideias o grupo acha intrigantes. É uma atividade simples, mas, como você verá nas próximas páginas, forma a base para a Decisão que cola.

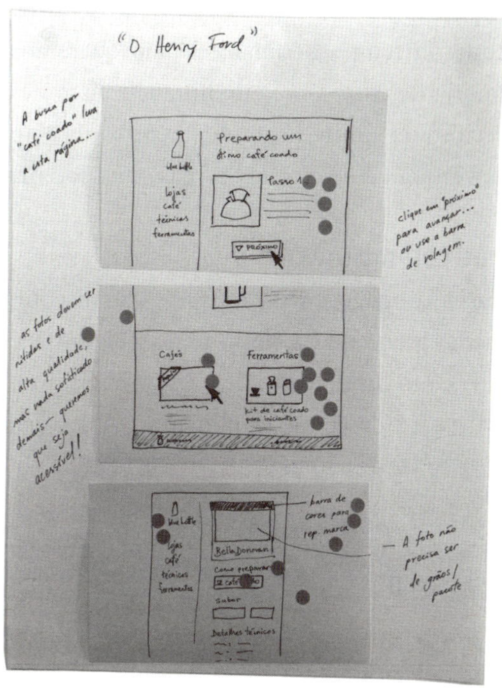

Um esboço da solução com bolinhas de um mapa de calor.

Como o processo transcorre com rapidez, é possível gravar instantaneamente todos os esboços na memória de curto prazo. E, como o número de bolinhas é ilimitado, você e sua equipe não vão usar tanta energia tomando decisões. O mapa de calor é, ao mesmo tempo, uma forma útil de identificar ideias de destaque *e* uma ótima maneira de aquecer o cérebro para uma decisão.

O mapa, no entanto, tem suas limitações, pois não diz *por que* as pessoas gostaram de uma ideia. Se você não entender a intenção do esboço, o mapa de calor não vai explicá-la. Se quiser descobrir, precisará discutir os esboços com a equipe. É claro que as pessoas vão ter que falar em voz alta, algo que evitamos desde a manhã da terça. Esperamos que você não tenha esquecido como se faz isso.

Falar em voz alta é arriscado. Os seres humanos são animais sociais, e, quando nossos impulsos naturais de discutir e debater tomam conta, o tempo desaparece. Não queremos sobrecarregar a memória de curto prazo de ninguém nem desperdiçar um tempo precioso do sprint. Portanto, na próxima etapa, você e sua equipe conversarão em voz alta — mas seguindo um roteiro.

3. Críticas-relâmpago

Nas críticas-relâmpago, você e a equipe vão discutir cada esboço e identificar as ideias que se destacaram. A conversa seguirá uma estrutura — e um limite de tempo. Na primeira vez que fizerem isso, talvez pareça desconfortável e apressado, e pode ser difícil acompanhar todas as etapas (se tiver dúvidas, use o checklist no fim do livro). Contudo, não demora muito para pegar o jeito. Quando isso acontecer, sua equipe terá uma ferramenta poderosa para a análise de ideias, e talvez vocês se vejam discutindo dessa forma até em outras reuniões.

Durante as Críticas-relâmpago, o Facilitador estará muito ocupado, então será preciso um voluntário para a função de Escrevente. Conforme vocês revisam os esboços na parede, o Escrevente vai copiar ideias de destaque em notas autoadesivas. As anotações do Escrevente terão diversos propósitos: dar a todos um vocabulário comum para descrever as soluções; fazer todos os membros da equipe se sentirem ouvidos, o que acelera o debate; e organizar os comentários da equipe, facilitando o processo de votação na próxima etapa.

Veja como funcionam as Críticas-relâmpago:

1. **Reúnam-se** ao redor de um esboço.
2. **Ajuste o cronômetro para três minutos**.
3. **O Facilitador narra** o esboço. ("Aqui, parece que um usuário está clicando para reproduzir um vídeo, e em seguida indo para a página da home...")
4. **O Facilitador anuncia as ideias que se destacaram** de acordo com aglomerados de bolinhas. ("Muitas bolinhas ao lado do vídeo de animação...")
5. **A equipe indica ideias de destaque** que o Facilitador deixou passar.
6. **O Escrevente registra ideias de destaque em notas autoadesivas,** colando-as acima do esboço. Dê a cada ideia um nome simples, como "Vídeo de animação" ou "Cadastro em uma etapa".
7. **Revise preocupações e dúvidas**.
8. **O criador do esboço fica em silêncio até o fim**. ("Criador, revele sua identidade e nos diga o que não percebemos!")
9. **O criador explica eventuais ideias** que tenham passado despercebidas pela equipe e responde a perguntas.
10. Prossiga para o próximo esboço e repita o passo a passo.

Isso mesmo — o orgulhoso inventor sob os holofotes só fala no fim da análise crítica. Essa prática incomum economiza tempo, evita redundâncias e abre espaço para uma discussão mais sincera. (Se o inventor tivesse a oportunidade de promover sua ideia, o restante da equipe teria mais dificuldade de ser crítico ou negativo.)

Tente manter cada análise dentro dos três minutos, mas seja um pouco flexível. Se um esboço contém muitas ideias boas, reserve mais uns dois minutos para registrá-las. Por outro lado, se um esboço tem pouquíssimas bolinhas e o criador não tiver uma explicação convincente, faça um favor a todos e avance logo para o próximo. Não há benefício em analisar um esboço de que ninguém gosta.

Lembre-se de que tudo que você está tentando fazer durante as Críticas-relâmpago é criar um registro de ideias promissoras. Você não precisa debater se algo deve ser incluído no protótipo; haverá tempo para isso mais tarde. Tampouco deve pensar em novas ideias nesse momento. Basta anotar o que se destaca em cada solução.

Após as Críticas-relâmpago, todo mundo entenderá as ideias promissoras e os detalhes. Você também terá um bom registro concreto da discussão na parede, como mostra a imagem a seguir:

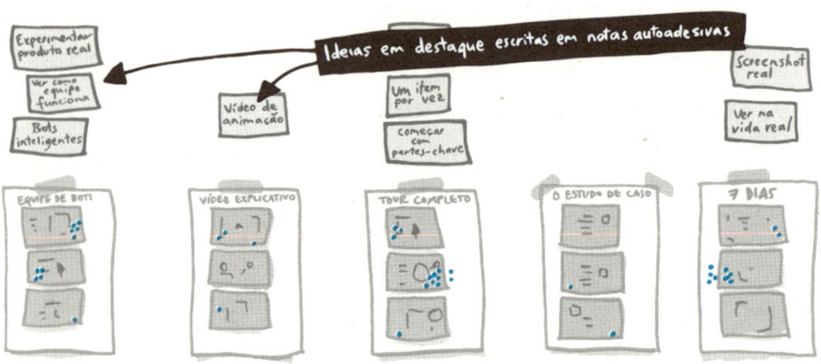

Se você for o Facilitador, durante as Críticas-relâmpago precisará pensar rápido e manter o avanço do grupo. Você é ao mesmo tempo o narrador e o árbitro, mas o processo deve ser divertido. Afinal, as soluções serão interessantes e, como a discussão se concentra nas melhores ideias, a atmosfera será positiva.

4. Pesquisa de intenção de voto

Se você não for muito de acompanhar política, uma pesquisa de intenção é uma votação sem efeitos legais, usada para estimar a preferência de um grupo. No sprint, o propósito é o mesmo. É uma forma muito rápida de toda a equipe expressar sua opinião. Esses votos não terão efeito. Em vez disso, pense na pesquisa de intenção como uma maneira de oferecer um conselho ao Definidor. É um exercício objetivo:

1. **Dê um voto a todos** (representado por um grande adesivo de bolinha — gostamos de usar a cor rosa).
2. Refresque a memória de todos em relação ao **objetivo de longo prazo** e às **perguntas do sprint**.
3. Lembre a todos que podem **apostar em ideias arriscadas** com grande potencial.
4. **Programe um cronômetro para dez minutos**.
5. **Cada pessoa escreve para si mesma sua escolha.** Pode ser um esboço inteiro ou apenas a ideia de um esboço.
6. Quando o cronômetro parar ou quando todos tiverem terminado, **coloque os votos nos esboços**.
7. **Cada pessoa explica brevemente seu voto** (apenas um minuto para cada um, mais ou menos).

Haverá muitas dicas para ajudá-los a votar. No capítulo anterior, pedimos que vocês dessem um título marcante para cada solução. Durante a intenção de votos, esses títulos — assim como o Mapa de calor e as notas das Críticas-relâmpago — vão facilitar o processo de comparar e pesar as opções.

Falamos muito sobre as limitações humanas, mas esse tipo de decisão é um momento em que o cérebro se destaca. Cada pessoa na sala tem uma habilidade especial e anos de conhecimentos acumulados. Com as Críticas-relâmpago gravadas na memória de curto prazo, esses cérebros sofisticados podem se concentrar em uma única tarefa. Nada de coordenar uma conversa, nada de articular opiniões nem tentar lembrar o conteúdo daquele esboço. Basta aplicar seus conhecimentos e tomar uma decisão embasada. Cérebros são ótimos nisso.

Durante alguns minutos, a equipe considerará em silêncio em que vai votar. E então... é isso: os adesivos são colados.

Em seguida, cada um dará uma breve explicação sobre seu voto. O Definidor deve ouvi-las — pois logo receberá toda a autoridade para tomar uma decisão.

Tome decisões honestas

Às vezes, quando trabalham em grupos, as pessoas começam a se preocupar com o consenso e tentam tomar decisões que todos vão aprovar. Em geral, fazem isso com boas intenções e pelo desejo de unir o grupo, e talvez em parte porque a democracia faz com que nos sintamos bem. O fato é que a democracia é um belo sistema para o governo de nações, mas não tem lugar em seu sprint.

Já falamos neste livro sobre o erro que cometemos com a SquidCo: não incluir o Definidor no sprint. Algumas semanas depois, conduzimos um sprint com uma companhia que chamaremos de OstrichCo.[1] Aprendemos nossa lição sobre o Definidor, então Oscar, o fundador e CEO da companhia, juntou-se a nós.

Na quarta-feira, chegou a hora de a OstrichCo escolher as ideias. "Sabem de uma coisa? Isso é algo que nós todos deveríamos decidir juntos", disse o CEO. "Somos uma equipe." Todos gostaram muito da proposta e votaram. A solução que a equipe escolheu não era a favorita de Oscar, mas se saiu bem no teste da sexta-feira. O sprint foi um sucesso. Ou era o que pensávamos, até conversarmos com Oscar duas semanas depois.

"Pois é..." Oscar passou a mão na cabeça. Ele parecia envergonhado. "Pensei um pouco mais e, bem... decidi ir em outra direção."

"Deixe-me adivinhar", disse John. "Você ficou com sua ideia favorita do sprint."

"Bem", falou ele. "Sim."

Durante o sprint, Oscar sucumbiu à camaradagem. Ele queria que a equipe tomasse a decisão. No entanto, a ideia que escolheram não foi a que o deixou mais animado. Posteriormente, depois de termos montado e testado o protótipo, ele retornou ao método costumeiro de tomar decisões — e agora a OstrichCo estava comprometida com a ideia não testada de Oscar.

Então, quem pôs tudo a perder? Não foi apenas Oscar. Fomos todos nós que participamos do sprint, pois o deixamos ceder sua autoridade. A lição da OstrichCo é **tomar decisões honestas**. Você trouxe o Definidor para o sprint por uma razão, e agora, mais do que em qualquer outro momento, precisa deixá-lo fazer seu trabalho.

É claro que ser o Definidor não é fácil. Muitos dos CEOs de startups com quem conversamos sentem-se pressionados por terem que tomar as decisões certas por suas empresas e equipes. No sprint,

[1] Nomes e detalhes comprometedores foram alterados para proteger os inocentes.

esses Definidores recebem um bocado de ajuda para tomar decisões. Entre os esboços detalhados, as anotações coletivas e a pesquisa de intenção, os Definidores devem ter tudo de que precisam.

5. Supervoto

O supervoto é a decisão final. Cada Definidor terá três supervotos especiais (com as iniciais nos adesivos!), e o voto deles, seja lá qual for, será o que a equipe transformará em protótipo para o teste.

Os Definidores podem escolher ideias que foram populares na pesquisa de intenção. Ou podem optar por ignorá-la. Podem distribuir seus votos ou colocar todos em um lugar só. Basicamente, os Definidores podem fazer o que quiserem.

Mesmo assim, é uma boa ideia refrescar a memória do Definidor quanto ao objetivo de longo prazo e às perguntas do sprint (que ainda devem estar em um dos quadros brancos!). Por fim, quando o Definidor tiver votado, a decisão mais difícil da semana terá sido tomada. Vocês verão algo mais ou menos assim:

Os esboços que receberam ao menos um supervoto são os vencedores. Vocês vão planejar o protótipo em torno dessas ideias e testá-las na sexta. Gostamos de reorganizar os esboços na parede para que os ganhadores dos supervotos fiquem juntos, assim:

Os esboços que não receberam nenhum supervoto não são vencedores, mas também não são perdedores. Eles ficam na categoria "talvez mais tarde". É possível que você possa incorporá-los quando planejar seu protótipo na quarta-feira à tarde, ou talvez ainda possa usá-los no próximo sprint.

É importante observar que esse processo de tomada de decisão não é perfeito. Às vezes, os Definidores erram. Às vezes, boas ideias não são selecionadas (pelo menos, não no primeiro sprint). No entanto, a "decisão que cola" — ainda que não seja perfeita — é muito boa e rápida. Essa velocidade é útil para o objetivo maior do sprint: obter dados do mundo real por meio do teste de sexta-feira. No fim, são eles que levam às melhores decisões.

Depois que sua equipe tiver organizado as soluções vencedoras, é provável que todo mundo fique aliviado — afinal, a decisão mais importante do sprint foi tomada. Todos terão tido a chance de serem ouvidos, e todos vão compreender como se chegou à decisão. Além do alívio, é empolgante identificar e ver as peças que vão formar o protótipo.

Contudo, há mais um obstáculo a ser ultrapassado. Como cada Definidor tem três votos e, às vezes, há dois Definidores, é provável que haja mais de um esboço vencedor. O que fazer se esses esboços são conflitantes? O que fazer se essas ideias não puderem coexistir no mesmo protótipo? Você descobrirá no próximo capítulo.

11

Batalha

Stewart Butterfield, fundador e CEO do Slack, estudava um esboço chamado "Equipe de bots". A solução exibia um novo usuário experimentando o Slack em um chat com "bots" — personagens controlados por computador, capazes de enviar mensagens e responder a perguntas simples. O CEO balançou a cabeça e coçou o queixo, coberto com uma barba por fazer. Em seguida, colou seu último adesivo cor-de-rosa na folha, e assim o supervoto foi concluído.

Stewart nos disse que tinha um bom pressentimento em relação à "Equipe de bots". Os usuários em potencial tinham dificuldade para imaginar como seria o uso do Slack no trabalho. Com a simulação proporcionada pela "Equipe de bots", Stewart previa que esses usuários entenderiam tudo instantaneamente.

Stewart já se dedicou a vários empreendimentos, e é conhecido por ter boa intuição. O CEO seguiu um pressentimento para criar o Slack depois que o jogo *Glitch* fracassou. Uma década antes, havia seguido um pressentimento para criar o serviço de compartilhamento de fotos Flickr. Desnecessário dizer que, quando Stewart declarou ter um pressentimento quanto ao esboço "Equipe de bots", nós o ouvimos com atenção. Ainda assim, Merci, a gerente de produto, temia que a equipe fictícia pudesse confundir os usuários. E não apenas isso: ela estimava que o trabalho de programação necessário para implementá-la poderia levar de quatro a seis meses.

Merci também tinha credibilidade. Era uma empreendedora experiente, tendo fundado a própria companhia de software antes de trabalhar no Slack. E, como chefe do projeto, também era uma Definidora no sprint. Seus supervotos foram para outro esboço: "Tour completo", uma solução que explicava a interface do Slack passo a passo.

Esse conflito entre os supervotos era um problema, pois não conseguíamos imaginar uma forma de reunir "Equipe de bots" e "Tour completo" no mesmo protótipo. Seria muita explicação para um site só. Com duas ótimas ideias e nenhuma chance de combiná-las, só havia um curso de ação a ser tomado. Era hora de uma Batalha.

Na manhã da quarta-feira, sua equipe tomará uma Decisão que cola para selecionar os esboços mais promissores. Mas e se, como aconteceu com o Slack, vocês acabarem com dois (ou até três) esboços vencedores que não podem coexistir? Como os Definidores têm três supervotos, esse tipo de conflito acontece o tempo todo. Pode parecer um problema, mas, na verdade, é uma mina de ouro.

Quando se tem duas boas ideias concorrentes, não é preciso submetê-las a uma escolha. Em vez disso, você pode fazer um protótipo para cada uma, e, no teste de sexta-feira, ver qual se sai melhor com os clientes. Os protótipos travarão um duelo, como se fossem lutadores de *Telecatch* batendo um no outro com cadeiras dobráveis. Chamamos esse tipo de teste de Batalha.

Uma Batalha permite que a equipe explore várias opções ao mesmo tempo. Para o Slack, dois protótipos foram desenvolvidos: um para "Tour completo" e outro para "Equipe de bots". Merci e Stewart não precisavam discutir nem ceder a uma solução mais fraca. Com um sprint, puderam reunir informações em apenas cinco dias — antes de fazerem uma escolha definitiva. (Mais à frente, revelaremos quem teve o pressentimento certo.)

É claro que nem sempre faz sentido travar uma Batalha. Às vezes, ficamos apenas com um esboço vencedor. Outras, há muitos vencedores, mas todos se encaixam. As soluções vencedoras da Savioke para a personalidade do robô — efeitos sonoros, pesquisa e dança de alegria — podiam coexistir em um único protótipo. Tivemos sorte, pois só havia um robô.

Se você acha que dá para combinar os esboços vencedores em um produto, não precisa fazer uma Batalha. Em vez disso, reúna-os em sua melhor aposta para resolver o problema. A abordagem "Tudo em um" também tem vantagens. O protótipo será mais abrangente e detalhado.

Batalha ou Tudo em um

Se você tiver mais de uma solução vencedora, envolva toda a equipe para discutir rapidamente se vão fazer uma Batalha ou se vão combiná-las em um único protótipo. Em geral, é fácil chegar a essa decisão. Se não for, basta pedir ao Definidor que decida.

Agora, se optarem pela Batalha, haverá mais um probleminha. Se mostrarem dois protótipos do mesmo produto aos clientes, vocês correrão o risco de parecer oftalmologistas: "Qual versão você prefere? A ou B? A? Ou B?"[1]

Com sorte, a resolução para esse cenário sombrio será simples e até divertida: criar marcas falsas. Depois que seus protótipos tiverem nomes e aparências diferentes, os clientes poderão distingui-los.

No sprint do Slack, decidimos usar a marca Slack para um protótipo, mas precisávamos de um nome falso para o outro. Sabíamos que os usuários não levariam o protótipo a sério se nós o chamássemos de "Acme" ou "Calças de palhaço". Precisava soar como um concorrente real do Slack. Após considerar algumas opções, a equipe escolheu "Gather" para o segundo protótipo. O nome era perfeito: não era um produto real, mas poderia ser.

A Blue Bottle Coffee enfrentou um desafio semelhante quando testou ideias para a loja on-line. Eles precisavam de nomes falsos de marcas que parecessem empresas verdadeiras de café, e criaram "Linden Alley Coffee", "Telescope Coffee" e "Potting Shed Coffee".

Inventar marcas falsas é divertido, mas também pode levar ao desperdício de tempo. Para encurtar o processo, usamos um substituto genérico do brainstorming que chamamos de Anote-e-vote. Veja como funciona.

Anote-e-vote

Durante o sprint, você vai precisar reunir informações ou ideias do grupo para depois tomar uma decisão. O Anote-e-vote é um atalho. Requer apenas dez minutos e funciona muito bem para tudo, de escolher nomes falsos de marcas a decidir onde almoçar.

1 Não que haja algo de errado com oftalmologistas. Amamos oftalmologistas.

1. Dê a cada membro do time uma **folha de papel e uma caneta**.
2. Todos têm **três minutos para anotar ideias em silêncio**.
3. Todos têm **três minutos para editar** sua lista, reduzindo-a às melhores ideias (duas ou três).
4. Escreva as **principais ideias de cada um no quadro branco.** Em um sprint com sete pessoas, você terá de quinze a vinte ideias, mais ou menos.
5. Todos têm **dois minutos para escolher em silêncio sua ideia favorita** do quadro branco.
6. **Cada pessoa anuncia sua favorita.** Para cada "voto", desenhe um ponto ao lado da ideia escolhida no quadro.
7. **O Definidor toma a decisão final.** Como de costume, ele pode ou não seguir os votos.

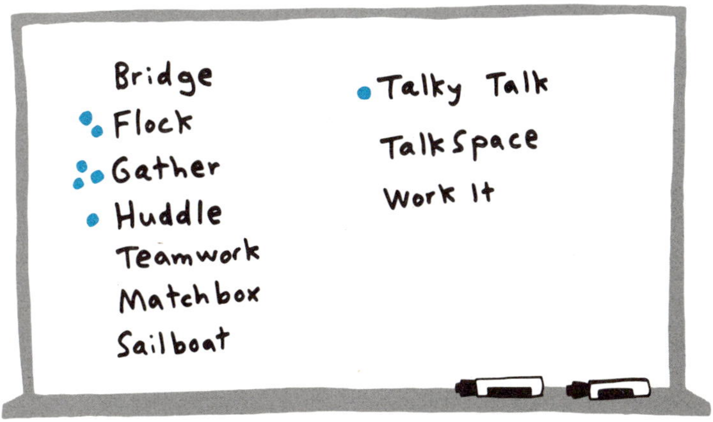

Na hora do almoço da quarta-feira, vocês terão decidido quais esboços têm mais chance de responder às perguntas de seu sprint e ajudá-los a alcançar o objetivo de longo prazo. Também decidirão combinar as ideias vencedoras em um protótipo ou construir dois ou três para serem testados em uma Batalha. Em seguida, é hora de transformar todas essas decisões em um plano de ação para que o protótipo seja concluído até o teste da sexta.

12

Storyboard

Na tarde da quarta, você já vai ver no horizonte o teste com os clientes na sexta. Como o cronograma é curto, é tentador pular direto para o protótipo assim que vocês tiverem selecionado as ideias vencedoras. Entretanto, se começarem a desenvolvê-lo sem um plano, acabarão atolando em pequenas questões não resolvidas. As peças não vão se encaixar, e seu protótipo pode ruir.

Na tarde da quarta-feira, vocês vão responder a essas pequenas perguntas e traçar um plano. Mais especificamente, vão pegar os esboços vencedores e reuni-los em um storyboard. Será semelhante aos storyboards com três painéis que vocês fizeram na terça-feira, só que mais longo: terá de dez a quinze painéis, todos bem conectados em uma história coesa.

Fazer esse tipo de storyboard longo é uma prática comum na produção cinematográfica. A Pixar, o estúdio por trás de filmes como *Toy Story* e *Os Incríveis*, passa meses desenvolvendo seus storyboards antes de dar início à animação. Para a Pixar, esse trabalho com antecedência faz sentido: é muito mais fácil alterar storyboards do que refazer animações ou regravar vozes com atores superfamosos.

Os sprints têm um cronograma mais curto e uma produção de escala menor do que a da Pixar. No entanto, essa prática ainda vale a pena. Você vai usar seu storyboard para imaginar o protótipo finalizado. Assim, poderá identificar problemas e elementos confusos antes de o protótipo ser montado. Ao cuidar dessas decisões com antecedência, estará livre para se concentrar na quinta-feira.

O storyboard do Slack mostrava como o protótipo funcionaria, acompanhando os usuários conforme liam sobre os dois produtos (Slack e Gather) em uma matéria, depois clicavam nos sites e, com sorte, cadastravam-se no serviço.

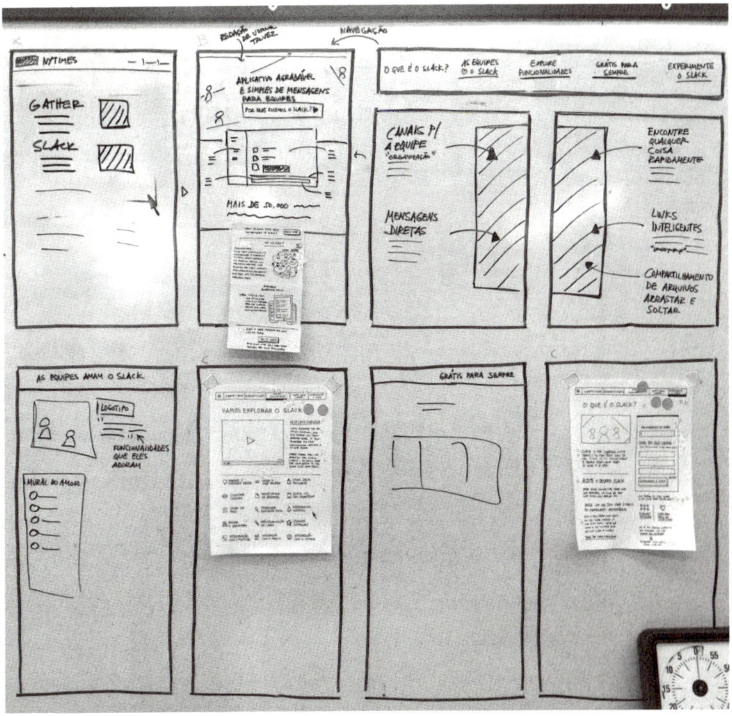

À primeira vista, esse storyboard pode parecer a história em quadrinhos mais chata (e mal desenhada) do mundo. Para a equipe do Slack, no entanto, era uma obra-prima. O storyboard continha todas as nossas melhores ideias combinadas em um enredo que entendíamos, e esperávamos que também fizesse sentido para os usuários. Quando olhamos para o quadro branco, vimos o seguinte:

Após a conclusão, seu storyboard fará tanto sentido para sua equipe quanto o do Slack fez para eles. O próximo passo é mergulharmos de cabeça e falarmos sobre como fazer um. À medida que avançarmos, mostraremos como o Slack montou o deles.

Em primeiro lugar, alguém precisa ser o "artista" do storyboard. Colocamos a palavra entre aspas porque a tarefa não requer talento artístico. No caso, o "artista" será apenas alguém disposto a escrever muito no quadro branco. (Pode ser outro bom momento para dar um descanso ao Facilitador.)

Desenhe um painel quadriculado

Antes de mais nada, você precisa de um grande painel com uns quinze quadrados. **Desenhe um monte de caixas em um quadro branco vazio**, cada uma com mais ou menos o tamanho de duas folhas de papel A4. Se tiver dificuldade para desenhar longas linhas retas (e quem não tem?), use fita-crepe em vez de pincel atômico.

Você começará o desenho do storyboard no quadro superior esquerdo do painel. Esse quadrado será o primeiro momento que os clientes vão experimentar na sexta. Então... o que deve ser? Qual é a melhor cena de abertura para seu protótipo?

Se tudo correr bem, a cena de abertura elevará a qualidade do teste. O contexto certo pode ajudar os clientes a esquecer que estão experimentando um protótipo e a reagir com naturalidade ao produto — como se tivessem se deparado com ele por acaso. Se seu protótipo é de um aplicativo, comece pela App Store. Se for uma caixa de cereal, comece por uma prateleira de supermercado. E se for de um software de comunicação empresarial?

Na vida real, o Slack estava recebendo inúmeras menções positivas da imprensa. Muitos usuários haviam descoberto o serviço depois de terem lido um artigo a respeito. Assim, Merci sugeriu que usássemos uma matéria falsa do *The New York Times* para nossa cena de abertura. O artigo poderia ser sobre "novas tendências em software empresarial" — dando-nos a oportunidade perfeita para apresentar os dois protótipos, Slack e Gather. Veja como desenhamos a cena no storyboard:

A matéria falsa é uma cena de abertura útil. Usamos o mesmo método em nosso sprint com a Blue Bottle, quando abrimos com um artigo (falso) do *The New York Times* sobre três empresas promissoras (e falsas) de café.

Todavia, há muitas formas de começar seu storyboard. A Flatiron Health queria saber se a base de usuários do software alteraria seu fluxo de trabalho por uma nova ferramenta de ensaios clínicos. Uma matéria não teria feito muito sentido. Em vez disso, a cena de abertura da Flatiron era uma caixa de entrada de e-mails — o lugar onde os coordenadores de pesquisa receberiam notificações do novo sistema. Para a Savioke, a cena de abertura foi registrar-se em um hotel e esquecer a escova de dentes. O truque é estar um ou dois passos antes do início da solução que você quer testar.

Escolha uma cena de abertura

Como os clientes descobrem que sua companhia existe? Onde estão e o que estão fazendo momentos antes de usar o produto? Nossas cenas de abertura preferidas são simples:

- **Busca na web** com seu site entre os resultados.
- **Revista** com um anúncio sobre seu serviço.
- **Prateleira de loja** com seu produto entre os concorrentes.
- **App Store** com seu aplicativo.
- **Matéria** sobre seu serviço, e talvez alguns concorrentes.
- Feed do **Facebook** ou do **Twitter** com seu produto entre as outras postagens.

Há ainda outras cenas possíveis. Seu protótipo pode começar com uma rotina diária: a pasta de um médico cheia de relatórios, a caixa de e-mail de um engenheiro ou o informativo escolar de um professor. Se estiver testando um novo tipo de loja, você pode começar com o momento em que as pessoas entram pela porta.

É quase sempre uma boa ideia **apresentar sua solução junto com a concorrência**. Aliás, você pode pedir aos clientes que testem os produtos da concorrência na sexta-feira dentro de um grupo que inclua o seu protótipo.

Após escolherem a cena de abertura, vocês só terão mais novecentas decisões a tomar para concluir o storyboard. Brincadeirinha... bem, mais ou menos.

O storyboarding é um processo simples com uma tonelada de decisões minúsculas pelo caminho. Tais decisões podem ser cansativas, mas mantenha em mente que você está fazendo um favor a si mesmo. Cada decisão que a equipe tomar agora será uma coisa a menos para pensar quando estiverem montando os protótipos.

Preencha o storyboard

Depois que a equipe tiver escolhido a cena de abertura, o "artista" do storyboard deve desenhá-la no primeiro quadro (o "artista" estará de pé em frente ao quadro branco enquanto todos observam). Daí em diante, vocês vão escrever sua história, um quadrado de cada vez, como se fosse uma revista em quadrinhos. Todo passo deve ser discutido em equipe conforme vocês avançam.

Sempre que possível, use as notas autoadesivas dos esboços vencedores e cole-as no quadro branco. Quando toparem com uma lacuna (uma parte da história que ainda não tenha sido ilustrada por um dos esboços), só a preencham se for essencial para o teste da ideia. Não faz mal se algumas partes do protótipo não funcionarem. Pode haver botões que não fazem nada ou itens faltando no menu. Surpreendentemente, esses "becos sem saída" costumam ser ignorados pelos clientes no teste da sexta.

Caso decidam que a lacuna precisa ser preenchida, tentem usar algo dos esboços que estão no grupo "talvez mais tarde" ou de algum produto já existente. Evitem criar uma nova solução. Não será um bom uso de tempo ou de energia pensar em novas ideias na tarde da quarta-feira. Vocês precisarão desenhar um pouco, é claro: preenchendo lacunas sempre que necessário e expandindo a partir dos esboços vencedores para que o protótipo tenha uma história crível. Lembrem-se de que os desenhos não precisam ser bonitos. Se a cena acontecer na tela, desenhe botões, palavras e uma setinha clicando. Se a cena acontecer na vida real, desenhe bonecos palito e balões de diálogo.

É provável que vocês gastem a tarde inteira para desenhar o storyboard. Para se certificar de que terão terminado até as cinco da tarde, siga as orientações a seguir:

Trabalhem com o que têm

Resistam à tentação de inventar novas ideias e simplesmente trabalhem com as boas sacadas que já tiveram.

Não escrevam juntos

Seu storyboard deve incluir cabeçalhos simples e frases importantes, mas não tentem aperfeiçoar o texto em grupo. A redação em grupo é a receita para um monte de besteiras e digressões, isso sem contar a quantidade enorme de tempo desperdiçado. Em vez disso, usem os textos dos esboços, ou simplesmente deixem essa parte para a quinta-feira.

Incluam apenas os detalhes necessários

Quando vocês estiverem construindo o protótipo na quinta-feira, adicione detalhes suficientes ao storyboard para que ninguém faça perguntas como "O que acontece em seguida?" ou "O que entra aqui?". Porém, não seja específico demais. Não é necessário que cada quadro seja perfeito ou que cada nuance esteja definida. Não há problema em dizer: "Quem cuidar dessa parte amanhã pode decidir como será esse detalhe." E então siga em frente.

O Definidor define

O storyboarding é uma atividade difícil, pois, durante a manhã, você já terá gastado boa parte de sua limitada energia para tomar decisões. Para facilitar o processo, continue recorrendo ao Definidor. No sprint do Slack,

Braden foi o "artista" que desenhou o storyboard, porém Merci tomou as decisões. Foi um trabalho extra para ela, mas isso nos manteve determinados e em ritmo rápido.

Você não vai conseguir incluir todas as boas ideias se quiser um storyboard que faça sentido. Também não pode passar o dia inteiro discutindo o que incluir. O Definidor pode pedir opiniões ou recorrer aos especialistas em algumas partes — contudo, não pulverize o processo de decisões.

Se tiverem dúvida, corram riscos

Às vezes, não tem como encaixar tudo. Lembre-se de que o sprint é ótimo para testar soluções arriscadas que podem gerar um grande retorno. Portanto, você terá que inverter o modo como geralmente estabelece suas prioridades. Se um pequeno ajuste é tão bom e garantido que você já planeja implementá-lo na próxima semana, vê-lo em forma de protótipo não trará grandes aprendizados. Deixe essas soluções fáceis de lado em favor de apostas grandes e ousadas.

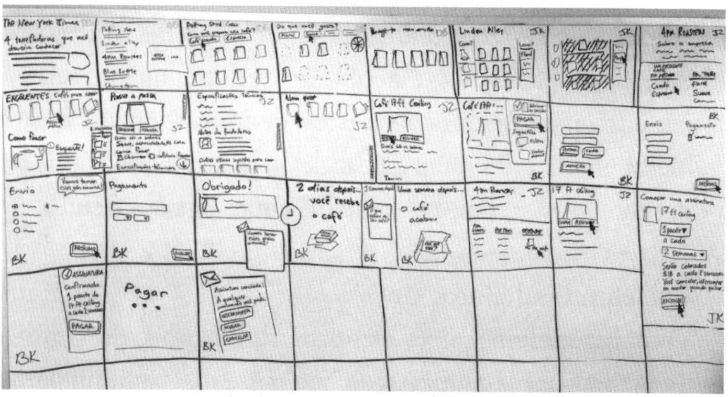

O storyboard da Blue Bottle Coffee exibe todos os cliques necessários para escolher e fazer o pedido dos grãos de café.

Detalhe do storyboard da Savioke exibindo a entrega feita pelo robô à porta do hóspede.

Limite a história a quinze minutos ou menos. Certifique-se de que o protótipo inteiro possa ser testado em cerca de quinze minutos. Isso pode parecer pouco, especialmente considerando que as entrevistas com os clientes vão durar uma hora. No entanto, você precisará reservar um tempo para que os clientes pensem em voz alta e respondam a suas perguntas — sem falar na introdução e na conclusão da entrevista. No fim das contas, quinze minutos durarão mais do que quinze minutos. E há ainda outra razão prática para esse limite: atendo-se a quinze minutos, você se concentra nas soluções mais importantes — e não cede à tentação de inserir mais do que pode no protótipo. (Uma regra básica: cada quadro do storyboard equivale a um minuto do teste.)

Depois que todos os esboços vencedores tiverem sido incorporados, o storyboard estará concluído. E vocês vão ter finalizado a parte mais difícil do sprint. As decisões foram tomadas, o plano para o protótipo está pronto e a quarta-feira se encerra aqui.

NOTAS AO FACILITADOR

Não esgote a bateria

Decisões requerem força de vontade, e há um limite diário para seu uso. Podemos encarar a força de vontade como uma bateria que amanhece carregada, mas vai perdendo um pouco da carga a cada decisão tomada (um fenômeno chamado "fadiga de decisão"). Como Facilitador, você precisa garantir que a carga vai durar até as cinco da tarde.

A quarta-feira se resume a uma decisão após outra, e é muito fácil esgotar a bateria. Seguindo o processo da Decisão que cola e evitando que a equipe tenha novas ideias, você poderá chegar às cinco da tarde sem se esgotar por completo.

Contudo, é preciso ter cuidado. Esteja atento a discussões cujo objetivo não seja uma resolução rápida. Quando identificar uma, recorra ao Definidor:

"É uma discussão interessante, mas ainda temos muito a fazer hoje. Deixemos isso com o Definidor para podermos seguir em frente."

E:

"Vamos confiar no Definidor para resolver essa questão."

Detalhes menores — como o design e a formulação do texto — podem ser deixados para a quinta-feira:

"Vamos deixar isso para quem ficar encarregado dessa parte do protótipo amanhã."

Se alguém, mesmo que seja o próprio Definidor, começar a inventar soluções a essa altura, peça-lhe que espere até depois do sprint para explorar novas ideias:

"Parece que novas ideias estão surgindo. São muito interessantes, e acho que devemos anotá-las para que não se percam, mas, para concluir o sprint, precisamos nos concentrar nas boas ideias que já temos."

Essa última atitude é especialmente dura. Ninguém gosta de refrear a inspiração, e as novas ideias podem parecer melhores que as dos esboços. Lembre-se de que a maioria das ideias soa melhor no mundo abstrato, então é possível que não sejam tão boas assim. Mas, mesmo que uma delas seja a melhor de todos os tempos, vocês não têm tempo para voltar atrás no processo.

Os esboços vencedores merecem ser testados. Se de fato valerem a pena, essas novas ideias e novos aperfeiçoamentos podem esperar até a próxima semana.

Quinta-feira

Na quarta-feira, você e sua equipe criaram um storyboard. Na quinta, adotarão a filosofia do **"finja"** para transformar esse storyboard em um **protótipo** realista. Nos próximos capítulos, explicaremos a mentalidade, a estratégia e as ferramentas que possibilitam a construção do protótipo em apenas sete horas.

13

Finja

Um caubói com queixo quadrado está em frente a um bar. Ele ajeita o chapéu e estreita os olhos, encarando a rua poeirenta, onde há cinco homens de ternos pretos a cavalo e armados com rifles. Mais à frente, os habitantes da cidade se aglomeram perto da mercearia. Uma bola de feno passa rolando. Ninguém fala nada, mas todo mundo sabe: alguma confusão está prestes a acontecer na cidade.

Se você já assistiu a qualquer filme de faroeste, provavelmente está familiarizado com essa cena. Mocinhos de chapéu branco, bandidos de chapéu preto, muito melodrama. A cidade, na maioria das vezes, é a parte mais realista do filme: construções feitas de tábuas, passadiços de madeira e bares com portas vaivém.

É claro que essas cenas do Velho Oeste nunca foram tão reais quanto pareciam. Às vezes, o diretor encontrava uma locação real semelhante ao que queria retratar: uma cidade fantasma abandonada ou uma pitoresca vila italiana. Entretanto, a maioria dos filmes foi feita em algum set externo de Hollywood.

O bar atrás do caubói? Só uma fachada — uma parede com nada atrás.

Não faz diferença para o público. Durante os poucos minutos que olhamos para a cidade, nós nos perdemos na história. Tudo parece real. Seja uma fachada ou uma cidade fantasma, a ilusão funciona.

A quinta-feira é dedicada ao ilusionismo. Você tem uma ideia para uma ótima solução. Em vez de levar semanas, meses ou até *anos* construindo essa solução, você vai fingir que ela já está pronta. Em um dia, fará um protótipo que parece real, assim como aquela fachada do Velho Oeste. Na sexta-feira, seus clientes — como a plateia de um filme — esquecerão o cenário. Vão simplesmente reagir.

Construir fachadas é mais fácil do que você pensa. Digamos que você está trabalhando em um projeto que levará cem dias para terminar. E digamos que 90% de realidade é o bastante para um teste. Uma conta simples diz que levará noventa dias para chegar aos 90% do nível de realidade, então você deve estar pronto para o teste em cerca de três meses. Entretanto, descobrimos que, se você construir apenas uma fachada, chegará aos 90% em apenas um dia.

Como é que é, parceiro?, você está pensando. Na manhã da quinta-feira, você não terá nada além de desenhos em um quadro branco e esboços em folhas de papel. Esperamos criar um protótipo realista em apenas um dia? Não é impossível? Seria impossível se você já não tivesse feito a parte difícil na segunda, na terça e na quarta. O storyboard elimina todas as dúvidas em relação ao que incluir. Os esboços das soluções estão cheios de

Construindo algo real
Lançamento
Real o bastante para testar
Realidade
Tempo

Construindo uma fachada
Lançamento
Real o bastante para testar
Realidade
Tempo

textos e detalhes específicos. E você tem a equipe perfeita, com todas as habilidades certas para criar o protótipo.

É claro que poderia levar mais tempo para construir um protótipo mais sofisticado. Isso, porém, só serviria para atrasar o processo de aprendizagem. Talvez não importe se você estiver no caminho certo, mas convenhamos: nem todas as ideias dão certo. Caso esteja correndo um risco com uma ideia ousada ou se sentindo inseguro, é melhor descobrir o quanto antes. É uma pena desperdiçar tempo em algo inútil.

Contudo, talvez o maior problema seja que, quanto mais tempo você passa trabalhando em algo (seja um protótipo ou um produto de verdade), mais apegado vai ficar, e menos disposto a aceitar resultados negativos. Após um dia, você estará receptivo a feedbacks. Após três meses, estará comprometido.

No início, você se encontra na melhor posição de todos esses gráficos (que, para ser justo, nós inventamos). Ainda não está apegado a suas ideias. Assim, se elas não se saírem bem no teste, você terá flexibilidade suficiente para ajustá-las ou eliminá-las. Estará na posição perfeita para tirar vantagem daquela rápida curva rumo aos 90% de realidade, *se* você se limitar a construir uma fachada. Nada de encanamento, nada de fiação, nada de engenharia estrutural. Só uma fachada.

A mentalidade do protótipo

Construir uma fachada pode deixar sua equipe pouco à vontade. Para fazer o protótipo de sua solução, vocês vão precisar de uma mudança temporária de filosofia: do *perfeito* para *apenas o suficiente*, da *qualidade de longo prazo* para a *simulação temporária*. Chamamos essa filosofia de "mentalidade do protótipo" e listamos seus quatro princípios, todos simples.

1. Você pode fazer um protótipo de qualquer coisa

Essa afirmação pode parecer trivial, mas é a verdade. Você precisa acreditar nela. Se chegar à quinta-feira com otimismo e a convicção de que existe *alguma maneira* de transformar seu produto em um protótipo e testá-lo, você vai encontrar essa maneira. No próximo capítulo, falaremos sobre métodos específicos para fazer protótipos de hardware, software e serviços. Esses procedimentos podem funcionar para seu produto, ou é possível que você precise de um pouco de criatividade para inventar suas próprias técnicas. Mas, se continuar otimista e adotar a mentalidade do protótipo, quase sempre haverá um caminho.

2. Protótipos são descartáveis

Não faça um protótipo que não esteja disposto a descartar. Lembre-se de que essa solução pode funcionar ou não. Portanto, não ceda à tentação de passar dias ou semanas preparando o protótipo. Você terá um retorno reduzido para esse trabalho extra e, enquanto isso, vai se apaixonar cada vez mais por uma solução que, no fim, pode ser um fracasso.

3. Construa o bastante para aprender, e só
O protótipo tem o objetivo de responder a perguntas, então mantenha o foco. Você não precisa de um produto completamente funcional — apenas de uma fachada com uma aparência real à qual os clientes consigam reagir.

4. O protótipo deve parecer real
Para obter resultados confiáveis no teste da sexta-feira, você não pode pedir aos clientes que usem a imaginação. Precisa apresentar-lhes algo realista. Se fizer isso, as reações deles serão genuínas.

Que nível de realidade é suficiente? Quando testar o protótipo na sexta, você vai querer que seus clientes reajam com naturalidade e sinceridade. Se lhes mostrar algo fraco — um "protótipo de papel" composto por desenhos, ou um wireframe simplificado de seu design —, a ilusão vai se perder.

Quando a ilusão se perde, os clientes passam para o modo feedback. Eles tentam ajudar e pensam em sugestões. No teste da sexta, as *reações* dos clientes serão pepitas de ouro, mas o *feedback* deles não valerá um tostão.

Qualidade Cachinhos Dourados

Essa distinção entre feedback e reação é crucial. Você quer criar um protótipo que evoque reações sinceras de seus clientes. Quer que, ao mesmo tempo, seja o mais real possível e se atenha ao cronograma. Como diz nosso parceiro Daniel Burka, o protótipo ideal deve ter "qualidade Cachinhos Dourados". Se a qualidade for baixa demais, as pessoas não vão acreditar que o protótipo é um produto de verdade. Se a qualidade for alta demais, você vai passar a noite trabalhando e não vai terminar. É necessário um nível de qualidade Cachinhos Dourados: nem muito alta, nem muito baixa, mas ideal.

É claro que a "qualidade Cachinhos Dourados" será diferente para cada produto. Em seguida, veremos alguns exemplos: cinco equipes construindo protótipos para tudo, desde aplicativos para o iPad a uma clínica médica. À medida que for lendo suas histórias, você verá como cada equipe aplica a "qualidade Cachinhos Dourados" e a mentalidade do protótipo a seu desafio específico. Começaremos pela FitStar, uma companhia que precisou construir um protótipo elaborado — e sem a pessoa mais importante.

FITSTAR

Questão:	Como podemos explicar um novo tipo de software para manter a forma?
Formato:	App Store simulada e aplicativo do iPad.
Ferramentas:	Keynote (software de apresentação de slides), atuação, vídeos do iPhone, iPad.

"As pessoas estão entendendo errado. Elas baixam o aplicativo. Experimentam. Mas acham que é uma coisa diferente."

Mike Maser recostou-se em uma cadeira de plástico em nosso escritório na cidade de São Francisco. A borda de seu boné de beisebol estava em frangalhos após anos de uso, e sua camisa de lenhador era desbotada. Não era a aparência que esperávamos de alguém que era amigo de atletas profissionais e passava metade de seu tempo fazendo vídeos em Los Angeles.

Mike era o CEO de uma startup chamada FitStar. Em 2013 e 2014, os aplicativos para iPad da FitStar ganhariam o cobiçado prêmio Melhor do Ano da Apple. Na App Store, a FitStar ocuparia o topo da categoria de aplicativos para a saúde, e em 2015 a Fitbit, companhia tecnológica voltada para a forma física, compraria a startup.

Porém, a tarde aqui descrita aconteceu antes de tudo isso, em 2012, quando ninguém — exceto por Mike e o cofundador, Dave Grijalva — sabia direito para que servia a FitStar. O GV tinha investido na companhia, e Mike e Dave passaram uma semana conosco. O objetivo de nosso sprint: encontrar uma maneira mais eficaz de explicar como funcionava seu novo aplicativo.

Mike e Dave tinham o objetivo de levar para o grande público os exercícios que promoviam a boa forma física. É caro e difícil incluir um personal trainer na agenda cheia das pessoas. "Quase ninguém tem essa possibilidade", disse Mike. Graças a suas conexões na indústria do entretenimento, a FitStar recebeu a ajuda do melhor personal trainer em que poderia pensar: Tony Gonzalez, um guru da boa forma e astro da NFL, a liga nacional de futebol americano. Eles filmaram centenas de horas de Tony dando instruções sobre diversos exercícios, em todos os níveis de capacidade. E Dave — um programador com experiência em desenvolvimento de video games — criou algoritmos que reuniam os vídeos de Tony para transformá-los em sessões personalizadas de exercícios físicos.

Eles criaram um personal trainer automatizado que podia ajustar cada exercício à forma física e aos objetivos do usuário. Conforme ele ou ela progredisse, os exercícios sofreriam adaptações e ficariam um pouco mais difíceis. O aplicativo tinha acabado de ser lançado, mas, antes de promovê-lo, a FitStar queria ter certeza de que os usuários compreenderiam como funcionava.

Naquele momento, as pessoas estavam confusas. A mensagem sobre customização e treinamento personalizado não estava atingindo os clientes. A maioria dos primeiros usuários achava que o aplicativo não passava de um vídeo de exercícios, como as fitas em VHS ou os DVDs anunciados na televisão. "Quando se tem um modelo mental, é difícil quebrá-lo", concluiu Dave.

Na tarde da quarta-feira do sprint, Mike e Dave tinham um apanhado de ideias promissoras para aperfeiçoar a experiência inicial do aplicativo para iPad, propostas que iam de descrições melhores na App Store a novas animações entre os exercícios.

Infelizmente, parecia impossível fazer um protótipo da ideia favorita de Mike. Ele queria gravar vídeos de Tony Gonzalez fazendo perguntas ao usuário enquanto ele ou ela estivesse configurando o aplicativo. Na vida real, quando você se exercita com um personal trainer, ele está bem ali, conversando com você. Mike apostava que um bate-papo daria à FitStar a oportunidade de explicar — nas palavras do próprio Tony — como o software podia ser customizado.

No entanto, Tony não estava no sprint conosco. Ele estava do outro lado do país, jogando com o Atlanta Falcons. Além disso, seria impossível desenvolver uma nova versão do aplicativo para iPad em apenas um dia. E, mesmo se pudéssemos fazer isso, jamais conseguiríamos lançá-lo na App Store a tempo para o teste da sexta-feira. Tínhamos apenas um dia até recebermos os clientes e construirmos um protótipo aparentemente impossível.

Porém, tudo que precisávamos fazer era fingir. Na manhã da quinta-feira, dividimos as tarefas para o protótipo. Dave pegou o laptop e começou a escrever o roteiro para o vídeo introdutório. Mike se voluntariou para substituir Tony como o astro esportivo na tela. Vestiu roupas de ginástica, usou um iPhone para filmar e leu o roteiro.

E quanto ao software? A FitStar não poderia reprogramar e relançar o aplicativo para iPad a tempo para o teste. Mas não precisávamos de um aplicativo de verdade, só de algo parecido com um. Lembramos que é possível executar o Keynote (o software de apresentação de slides da Apple, equivalente ao PowerPoint) em um iPad. Uma apresentação de slides executada em tela cheia teria exatamente a aparência de um aplicativo. Poderia até rodar vídeos.

Dividimos o storyboard em seções — uma para cada um de nós. Depois, usando o storyboard e os esboços da solução como guia, construímos o protótipo, tela por tela. Encontramos um kit de templates on-line com botões e ícones do iPad para copiarmos. Adicionamos fotos e ilustrações de verdade do aplicativo FitStar para tornar o protótipo mais realista e então colocamos os vídeos de Mike e Dave nos slides.

Para completar a ilusão, adicionamos screenshots da iPad App Store ao início da apresentação. Esses screenshots exibiam o aplicativo da FitStar na categoria Saúde, e até mostravam o processo de instalação. Quando terminamos de montar todos os slides, John ficou com a tarefa de "costurá-los": percorreu todos os slides, certificando-se de que havia consistência de uma tela para outra.

No fim do dia, a apresentação parecia um software de verdade — apesar de não haver software nenhum ali. O protótipo da FitStar era exatamente como uma daquelas fachadas do Velho Oeste: a ilusão só funcionava por alguns minutos e de um determinado ângulo. Mas era o bastante para responder à grande pergunta de Mike e Dave para o sprint: podemos explicar melhor aos usuários como nosso aplicativo funciona? Depois da quinta-feira, a FitStar estava pronta para o teste.

Algumas soluções funcionaram. Os vídeos de Mike explicando o software foram eficazes. Imediatamente, os usuários puderam explicar em suas próprias palavras como o aplicativo funcionava ("É como um personal trainer automatizado") e estavam dispostos a pagar por ele ("Posso fazer o cadastro agora?"). Outras soluções deram errado. Após a conversa introdutória, seguiu-se um vídeo de Dave usando um jaleco. Ele se apresentou como "Doutor Algo Ritmo" e explicou como o software era programado. Porém, àquela altura, os usuários já haviam entendido tudo ("Já saquei") e estavam prontos para se exercitar. Acharam o Doutor Algo desnecessário e até desagradável (sem querer criticar a atuação de Dave).

Para a FitStar, o sucesso no mercado dependia da qualidade. Mas, no sprint, o sucesso dependia apenas de se ter algo real o bastante para responder às perguntas principais. Eles obtiveram as informações necessárias para identificar as soluções certas — e descartar as erradas — com um protótipo que precisou de apenas sete horas para ser montado.

SLACK

Questão:	Qual é a melhor forma de explicar o Slack a usuários que não são da área tecnológica?
Formato:	Dois sites concorrentes com software interativo.
Ferramentas:	Keynote, InVision (software para montar protótipos) e o software Slack, além de alguma atuação.

O Slack tinha duas ideias concorrentes para o protótipo. Primeiro, havia a "Tour completo", uma explicação passo a passo do software. Assim como no caso da Blue Bottle Coffee, essa ideia podia ser simulada com uma série de slides parecidos com um site. Sem problemas.

No entanto, a outra ideia, "Equipe de bots", era complexa. Envolvia um time de "bots" controlados por computador que enviariam mensagens uns aos outros, e até responderiam às mensagens digitadas pelo usuário. Para que fossem realistas, os bots precisavam responder a uma variedade de perguntas e comentários do cliente, uma experiência impossível de simular com slides.

Merci tinha a solução: nós mesmos poderíamos fingir que éramos personagens controlados por computador. Durante o teste, enviaríamos mensagens para o usuário, e — como bots — responderíamos de uma forma não muito inteligente. É claro que, se a ideia fosse bem-sucedida, o Slack precisaria programar um software para controlar os bots. Não seria possível ter equipes de pessoas mandando mensagens para cada usuário que visitasse o site. Eles precisariam de um grupo de milhares, ou até milhões, de pessoas! Contudo, como nosso teste envolvia apenas cinco usuários, a ideia de Merci funcionaria.

FOUNDATION MEDICINE

Questão: Que informações são essenciais para que oncologistas tomem decisões sobre tratamentos?
Formato: Relatório médico impresso apenas com a primeira página.
Ferramentas: Keynote, dados realistas de testes, impressora.

Neste livro, vocês já conheceram a Flatiron Health, uma companhia que lidava com as complexidades de promover a participação de pacientes de câncer em ensaios clínicos. A Foundation Medicine, de Boston, outro investimento do GV, estava trabalhando em um problema diferente associado ao tratamento do câncer: o uso da análise de DNA para sugerir possíveis tratamentos aos pacientes.

Em 2012, a Foundation Medicine desenvolveu um teste chamado FoundationOne. O laboratório da empresa podia analisar uma única amostra de tecido e gerar um relatório sobre cada alteração genômica associada ao câncer, acompanhado por uma lista de tratamentos em potencial.

O teste era revolucionário. O diagnóstico do FoundationOne gerava um conjunto riquíssimo de dados, muitas vezes conduzindo a opções surpreendentes para o tratamento. Mas todas essas informações representavam um desafio: o excesso de informações poderia acabar atrapalhando até os oncologistas mais experientes. Naqueles primeiros dias, os resultados do FoundationOne eram entregues em papel, e a Foundation Medicine estava determinada a fazer com que aquelas folhas fossem o mais fáceis possível de entender. Assim, realizaram um sprint conosco para experimentar algumas novas ideias.

A equipe decidiu se concentrar na primeira página do relatório. Como podemos supor, era a primeira coisa que um médico veria quando fosse analisar os resultados. Se o médico estivesse com pressa (e os oncologistas geralmente estão), essa página poderia ser a *única* que ele teria tempo de processar. Dessa forma, a Foundation Medicine queria fornecer o máximo possível de informações na capa.

Em nosso sprint com a Foundation Medicine, tínhamos três ideias concorrentes para o relatório impresso. Sua implementação demandaria meses de trabalho no laboratório e um alto padrão de qualidade. Afinal, os relatórios médicos precisam ser 100% precisos. Contudo, para nosso protótipo, só precisávamos descobrir qual abordagem era a mais promissora. Não precisávamos alcançar os mesmos padrões de qualidade que se aplicavam ao relatório real. E tampouco precisávamos alterar qualquer coisa na análise laboratorial propriamente dita. Tudo isso poderia ser feito depois. Por ora, nossa questão dizia respeito àqueles minutos cruciais em que o oncologista analisa a capa.

Como você deve ter adivinhado, usamos o Keynote para simular os relatórios. Dividimos a equipe em três duplas. Em cada dupla, uma pessoa era responsável pelo design de um slide formatado para ter o mesmo tamanho de uma folha A4. (Um protótipo de papel é apropriado quando — e apenas quando — seu produto final também for de papel.) A outra pessoa era responsável por tornar os dados — informações genômicas, terapias recomendadas e outros detalhes oncológicos — realistas e precisos.

Se quiséssemos reações sinceras dos oncologistas, os dados precisavam parecer legítimos. É claro que seria antiético fazer um teste com informações reais de pacientes. No entanto, a Foundation Medicine tinha alguns resultados realistas, mas não verdadeiros, para usar internamente. E a equipe do sprint tinha experts que poderiam produzir mais detalhes verossímeis se fosse necessário.

No fim do dia, tínhamos três protótipos de relatórios. Cada um se resumia a apenas uma ou duas páginas impressas do Keynote, colocadas no topo de uma pilha de papéis de relatórios antigos, anteriores ao sprint — uma nova fachada com uma antiga vila ao fundo. Quando a Foundation Medicine mostrou os protótipos de relatórios aos oncologistas durante o teste, eles eram idênticos a relatórios reais.

SAVIOKE

Questão:	Como os hóspedes do hotel vão reagir a um robô com personalidade?
Formato:	Robô concreto com touch screen em um iPad.
Ferramentas:	Keynote, biblioteca de efeitos sonoros, iPad, robô, controle remoto, quarto de hotel, atuação.

Dos desafios que já enfrentamos em construção de protótipos, o da Savioke foi um dos mais complexos. Estávamos testando o comportamento e a personalidade do robô Relay ao fazer uma entrega: interação com o touch screen na face do robô, seus movimentos, a trilha sonora de bipes e campainhas, e até a sincronia e o roteiro de um telefonema automatizado. O projeto tinha muitos detalhes, e alguns deles eram bastante complexos.

Quando uma equipe tem um desafio extraordinário para um protótipo, é comum que também tenham as capacidades extraordinárias para superá-lo. A Savioke já possuía o robô, e a maior parte dos comportamentos e componentes já funcionava. Podíamos construir nosso protótipo em cima do que eles tinham. Era como produzir um filme de faroeste em uma pitoresca cidade fantasma em vez de um set.

Entretanto, ainda havia quatro elementos importantes a serem acrescentados ao protótipo na quinta-feira. Em primeiro lugar, a dança de alegria do robô. Programar a coreografia perfeita levaria tempo demais, então a engenheira-chefe de robótica Tessa Lau e a engenheira Allison Tse decidiram, em vez disso, usar o controle remoto. Na quinta-feira, praticaram a entrega movendo o robô Relay com um controle de PlayStation.

O segundo desafio era a tela do robô, mas Adrian Canoso, o designer-chefe da Savioke, tinha a resposta. Poderíamos substituir temporariamente a tela do robô por um iPad mini. Os olhos da máquina e várias outras interações com o touch screen poderiam ser simulados com uma série de slides.

Em seguida, o robô precisava de uma nova trilha sonora. Adrian, que tinha experiência como engenheiro de som, colocou fones de ouvido gigantes e pôs mãos à obra, usando uma biblioteca de efeitos sonoros gratuitos.

Por fim, precisávamos simular um telefonema automatizado quando o robô chegasse ao quarto do hóspede. No futuro, esse telefonema seria feito por um software sofisticado que rastrearia a localização do robô. Para o teste, Allison poderia observar o robô, sair de cena na hora certa e fazer ela mesma o telefonema. Só precisava usar uma voz artificial que soasse como uma gravação.

A maioria das equipes não conseguiria fazer o protótipo de um robô funcional em um dia. Mas quase todas as equipes estão livres disso — pois não fazem parte do mercado da robótica. Com o robô Relay completamente operacional, a Savioke tinha uma base para o protótipo. Precisavam fazer alguns acréscimos complexos, porém já tinham a expertise em engenharia e design necessária para isso. No fim do dia, o robô podia dançar, assobiar e sorrir.

ONE MEDICAL GROUP

Questão: Uma clínica médica para profissionais pode se adaptar a famílias com filhos?
Formato: Uma clínica médica que só abre uma noite.
Ferramentas: Clínica médica, equipe médica, bananas, giz de cera.

A One Medical tinha tudo para dar um bom pontapé inicial em uma ousada missão: oferecer cuidados médicos melhores para todo mundo. Eles já haviam estabelecido uma rede de clínicas de atendimento básico que se espalhava pelos Estados Unidos: São Francisco, Nova York, Boston, Chicago, Washington D.C., Phoenix e Los Angeles. Consultas marcadas no próprio dia, tratamento via aplicativo de celular, mais tempo com os pacientes e belos espaços interiores lhes haviam rendido milhares de pacientes fiéis.

A maioria desses clientes era formada por jovens profissionais com desenvoltura no uso de dispositivos tecnológicos — o tipo de pessoas para quem "tratamento via aplicativo de celular" parece uma boa ideia. A base de clientes estava crescendo rápido, mas a One Medical queria ampliar seu serviço para outros tipos de indivíduos. Com muitos clientes começando a ter filhos, a companhia concluiu que o próximo passo mais lógico seria a medicina familiar — para bebês, crianças e adolescentes de seus pacientes.

A One Medical esperava atender tanto a famílias quanto a adultos nas mesmas locações. Eles já contavam com muitos médicos em sua equipe que eram treinados para a medicina familiar. No entanto, antes de as novas clínicas serem inauguradas, queriam se certificar de que os pacientes teriam uma ótima experiência.

Como fazer o protótipo de uma clínica inteira? Assim como a Savioke e o Slack, a One Medical desenvolveu algo em cima do que já tinha. Chris Waugh, vice-presidente de design da One Medical, traçou um plano: durante uma noite, a One Medical simularia uma clínica familiar real em uma de suas sedes.

Às seis da tarde, a sede de Hayes Valley, em São Francisco, fechou suas portas. Chris e sua equipe começaram a trabalhar. Eles tinham várias ideias para adaptar a sede de forma a preservar sua estética sofisticada — popular entre os adultos — e ao mesmo tempo acrescentar um toque que interessasse as crianças.

Trouxeram giz de cera e papéis. Também colocaram bananas, maçãs, picolés de frutas e água de coco. Além disso, tinham uma caixa em forma de arca do tesouro cheia de brinquedos, mas, como não queriam deixar o saguão tão infantilizado, puseram-na atrás da mesa. Dois médicos especializados em medicina familiar encontravam-se presentes, bem como dois outros funcionários da One Medical que assumiram a recepção. Todos tinham um roteiro a seguir. Era a hora do protótipo.

Então, as crianças começaram a chegar. Chris havia recrutado cinco famílias para uma visita. Logo no início, encontramos um obstáculo — literalmente. A entrada da clínica de Hayes Valley tinha uma protuberância pela qual cadeiras de rodas conseguiam passar, mas que gerava muitas dificuldades para carrinhos de bebê. "As crianças eram quase arremessadas dos assentos", disse Chris.

A surpresa seguinte foi a quantidade de coisas *dentro* dos carrinhos. "As famílias vêm preparadas. Trazem brinquedos, roupas extras, lanchinhos. Trazem irmãos, avós, babás." O saguão, feito para jovens adultos, ficou lotado. A equipe da One Medical percebeu que precisaria de um design ligeiramente diferente para o saguão se quisesse ter uma clínica familiar.

A One Medical também havia subestimado a importância da equipe da recepção. As crianças ficavam nervosas ao chegar. A clínica era um lugar desconhecido, e as crianças mais novas associam consultórios médicos à aplicação de vacinas dolorosas. "Tivemos sorte com a equipe que nos acompanhou no protótipo. Taleen e Rachel (duas das assistentes-executivas da One Medical) assumiram uma postura superacolhedora, recebendo as crianças e deixando-as à vontade. Isso não estava no roteiro, mas salvou o dia."

Os consultórios também tiveram seus próprios desafios. Os médicos da One Medical ficam sentados atrás de uma mesa, estimulando uma conversa mais natural com os pacientes do que o que acontece com macas e cadeiras de rodas. Entretanto, com crianças na sala, a mesa se tornou um obstáculo. "Tudo que as crianças podiam tocar, elas tocaram. Todas as gavetas foram abertas."

Mesmo assim, as crianças estavam se divertindo, por isso as mesas não foram um problema tão grande. Em seguida, Chris e sua equipe entrevistaram as famílias. No fim das contas, foram os pais — e não as crianças — que se incomodaram com a arrumação do consultório. Era para os pais que os médicos precisavam transmitir segurança, mas o caos do consultório dificultou a comunicação. Tratava-se de um detalhe sutil, mas crucial para tranquilizar os pais. Por sorte, isso era fácil de arrumar.

Ao inaugurar sua clínica familiar alguns meses depois, o pessoal da One Medical pôde receber tanto adultos quanto crianças no mesmo local e conseguiu preencher o quadro de funcionários com médicos de sua própria equipe, especializados em medicina familiar. Só que agora com um saguão mais espaçoso, eliminando mesas incômodas dos consultórios e a protuberância da entrada.

14

O protótipo

A quinta-feira é um pouco diferente dos outros dias do sprint. Cada protótipo é único, então não há um passo a passo específico que possamos compartilhar. Porém, depois de termos feito centenas de protótipos, chegamos a quatro exercícios que sempre nos colocam no caminho certo:

1. Escolha as ferramentas corretas.
2. Divida para conquistar.
3. Costure tudo.
4. Teste.

Explicaremos por que cada exercício é importante e mostraremos como fazemos cada um.

Primeiro, precisamos falar sobre as ferramentas — os objetos e equipamentos que sua equipe usa todos os dias, bem como o software, os processos e os métodos que empregam para criar experiências de alta qualidade para os clientes. Eis o desafio: você provavelmente não vai poder utilizá-los para seu protótipo.

Sinto muito. Não importa se você trabalha com designers, desenvolvedores, arquitetos, especialistas em marketing ou outros profissionais criativos — ou se administra uma loja, presta serviços a clientes ou constrói produtos físicos. Há uma boa chance de as ferramentas recorrentes de sua equipe *não* serem as ideais para a construção do protótipo.

O problema das ferramentas habituais de sua equipe é que elas são perfeitas demais — e lentas demais. Lembre-se de que seu protótipo não é um produto de verdade, ele só precisa *parecer* verdadeiro. Você não deve se preocupar com fornecedores, diretrizes da marca nem treinamento em vendas. Não precisa que cada pixel seja perfeito.

A boa notícia é que estávamos nessa mesma posição pouco tempo atrás. Como engenheiros de software, sobretudo de aplicativos e sites, estávamos acostumados com ferramentas como Photoshop e linguagens de programação como HTML e JavaScript. Foi então que descobrimos o Keynote. Originalmente desenvolvido para apresentações de slides, o Keynote é uma ferramenta perfeita para produzir protótipos. Possui funções de layout fáceis de usar, então você pode criar com rapidez uma boa aparência. Ele é organizado em torno de "slides", que parecem muito com os quadros de um storyboard. Você pode adicionar texto, linhas e formas; colar fotos e outras imagens; adicionar hotspots clicáveis, animações e outros tipos de interatividade. Pode até mesmo incluir vídeos e áudio, se necessário.

Sabemos que parece loucura, mas temos 90% de certeza de que você deve usar o Keynote para criar seu protótipo. Como podemos sugerir isso se nem ao menos sabemos do que será seu protótipo? Boa pergunta. É claro que não podemos estar *comple-*

tamente convencidos — porém, em mais de cem sprints, o Keynote só não deu conta do recado umas poucas vezes.

(E, sim, se você usa o Windows, o PowerPoint também é uma ótima ferramenta para criar protótipos. Não é tão bom quanto o Keynote, mas uma rápida busca na internet vai levar a uma série de bibliotecas de templates; você pode usá-las para produzir protótipos realistas no PowerPoint.)

Temos que admitir que, na maior parte do tempo, criamos protótipos para software, como aplicativos e sites. Para esses protótipos, usamos o Keynote para conceber telas individuais. Às vezes, executamos a apresentação de slides em tela cheia, e isso basta. Outras, usamos programas específicos para protótipos[1] (sim, eles existem!), que permitem interligar as páginas e carregá-las em um navegador ou smartphone.

No entanto, nem tudo é software. Na página 211, você leu sobre a Foundation Medicine, uma companhia de diagnóstico de câncer cujo produto é um relatório médico impresso. Criamos o relatório no Keynote, e então o imprimimos e mostramos aos oncologistas. (Mais uma vez, *esse* tipo de protótipo em papel faz sentido.)

Para produtos físicos, o Keynote não será tão útil. Talvez você precise usar uma impressora 3-D ou fazer modificações no produto que já tem. Por outro lado, muitos dispositivos de hardware têm uma interface de software. Basta lembrar a história da Savioke, em que parte do protótipo envolvia adaptar um iPad ao robô. E o que tinha naquele iPad? O Keynote. Ele está sempre lá.

Além disso, em muitos sprints para produtos físicos, pode ser que você nem precise de um protótipo. Um de nossos atalhos

1 Os softwares mudam rápido, então dê uma olhada em thesprintbook.com, onde oferecemos links sobre as últimas e melhores ferramentas para protótipos.

favoritos é a Fachada do folder: em vez de criar um protótipo de um dispositivo, use um site, um vídeo, um folder ou uma apresentação de slides para vendê-lo. Afinal, muitas decisões de compra são tomadas (ou pelo menos fortemente baseadas) em ambiente virtual. Esse material de marketing lhe dará uma boa ideia de como os clientes vão reagir à promessa de seu produto — quais funcionalidades são importantes, se o preço é adequado e assim por diante. E adivinhe: o Keynote é a ferramenta perfeita para fazer protótipos desse tipo de material.

Reconhecemos que não somos especialistas em *todo* tipo de protótipo. E o Keynote nem sempre é a melhor ferramenta, em especial quando você está trabalhando com produtos industriais ou serviços prestados diretamente às pessoas, como a clínica familiar da One Medical. Contudo, descobrimos alguns atalhos ao longo dos anos. Apresentamos agora um guia rápido ao qual você pode recorrer para escolher as ferramentas certas.

Escolha as ferramentas certas

Se não souber direito como montar o protótipo, comece por aqui:

- Se for em uma **tela** (site, aplicativo, software etc.) — use **Keynote**, **PowerPoint** ou então um software para criação de sites como o **Squarespace**.
- Se for em **papel** (relatório, folder, folheto etc.) — use **Keynote**, **PowerPoint**, ou então um software de processamento de texto como o **Word**.
- Se for um **serviço** (suporte ao cliente, serviço ao cliente, tratamento médico etc.) — escreva um **roteiro** e use sua equipe do sprint como **atores**.
- Se for um espaço físico (loja, recepção de uma empresa etc.) — modifique um **espaço preexistente**.

- Se for um **objeto** (produto físico, máquina etc.) — modifique um **objeto preexistente**, **imprima um protótipo em 3-D** ou **faça um protótipo de material de marketing** usando Keynote ou PowerPoint e fotos ou representações do objeto.

Construir um protótipo em um dia parece uma tarefa intimidadora, mas, se formar uma equipe diversificada para o sprint, você terá todos os conhecimentos necessários na sala. Pode ser que algumas pessoas do sprint façam a maior parte do trabalho, mas observamos diversas vezes que todo mundo tem um papel a desempenhar. Depois que tiver escolhido as ferramentas, será hora de distribuir as tarefas.

Divida para conquistar

O Facilitador deve ajudar a equipe do sprint a dividir os seguintes papéis:

- Executores (2 ou mais)
- Costureiro (1)
- Escritor (1)
- Coletor de recursos (1 ou mais)
- Entrevistador (1)

Os **Executores** criam os componentes individuais (telas, páginas, peças etc.) do protótipo. Geralmente, são designers e engenheiros, mas pode ser qualquer pessoa do sprint que goste de sentir a força da criação fluindo pelos dedos.

Vai ser melhor ter pelo menos dois Executores na quinta. Já contamos algumas histórias surpreendentes sobre robôs, relatórios médicos e vídeos, mas lembre-se de que os membros de sua equipe provavelmente já têm as habilidades necessárias para criar o protótipo de que seu negócio precisa.

O **Costureiro** é responsável por reunir os componentes dos Executores e combiná-los em um modelo coeso. Costuma ser um designer ou engenheiro de software, mas pode ser quase qualquer um, dependendo do formato de seu protótipo. Os melhores Costureiros são os que se concentram nos detalhes. Ele provavelmente dará a todos algumas orientações de estilo a serem seguidas na manhã da quinta, e então começará a costurar depois do almoço, à medida que os Executores finalizam os componentes.

Toda equipe de sprint precisa de um **Escritor**, e esse é um dos papéis mais importantes. Na página 133, Capítulo 9, falamos sobre a importância das palavras em seus esboços. E, um pouco antes, aqui mesmo neste capítulo, falamos que seu protótipo deve parecer verdadeiro. É impossível fazer um protótipo realista sem um texto realista.

Um Escritor dedicado torna-se de suma importância quando o trabalho é científico, técnico ou de qualquer outra indústria especializada. Pense no protótipo de um relatório de genômica sobre câncer feito pela Foundation Medicine: seria difícil para qualquer um escrever um texto médico verossímil, então recorremos a um gerente de produto com experiência na área para atuar como Escritor durante o sprint.

Ainda será preciso pelo menos um **Coletor de recursos** na quinta. Não é um papel glamoroso (embora "Coletor de recursos" *possa soar* glamoroso), mas é uma das chaves para um protótipo rápido. Seu protótipo provavelmente incluirá fotos, ícones ou amostras de conteúdo que não precisarão ser criados do zero. O Coletor de recursos vasculhará a web, bibliotecas de imagem, os produtos da própria empresa e todos os lugares possíveis para encontrar esses elementos. Isso vai acelerar o trabalho dos Executores, que não terão que parar e procurar cada peça necessária para o protótipo.

Por fim, temos o **Entrevistador**, que usará o protótipo final para conduzir as entrevistas com os clientes da sexta-feira. Na quinta, ele deve escrever um roteiro para a entrevista. (Entraremos nos detalhes da estrutura desse roteiro no Capítulo 16, na página 237). É melhor que o Entrevistador não trabalhe no protótipo. Dessa forma, não estará emocionalmente envolvido no teste da sexta, e assim não demonstrará qualquer ressentimento ou satisfação na frente do cliente.

Depois de distribuir as tarefas, você também deve **dividir o storyboard**. Digamos que seu storyboard exibe um cliente vendo um anúncio, visitando seu site e baixando seu aplicativo. Você pode designar um Executor para criar o anúncio, outro para criar um site falso e um terceiro para cuidar das telas de download do aplicativo.

Não se esqueça da cena de abertura — o momento realista que precede a experiência principal. Inclua um Executor e um Escritor nessa cena, assim como em todas as outras partes do protótipo. Para a Blue Bottle Coffee, a cena de abertura foi um artigo do *The New York Times*, por isso precisamos de alguém para escrever uma matéria plausível. (Não estamos concorrendo a nenhum Pulitzer, mas simular um artigo curto não é tão difícil.)

É importante dar a sua cena de abertura tempo suficiente para que ela seja crível e sirva para preparar o terreno. Não desperdice metade do dia trabalhando só nisso, mas produza algo convincente.

Conforme as partes individuais do protótipo vão sendo concluídas, o Costureiro entra em cena. É tarefa dele tornar o protótipo consistente do início ao fim — e se assegurar de que cada etapa seja o mais realista possível.

No sprint da FitStar, John foi o Costureiro. Para garantir que o protótipo teria consistência, ele copiou para o mesmo arquivo os slides que todos fizeram no Keynote, em seguida ajustou fontes e cores para que tivessem unidade e se passassem por um aplicativo. Para dar verossimilhança ao protótipo, ele acrescentou detalhes à tela de cadastro, adicionando, por exemplo, um slide com um screenshot do teclado do iPad para parecer que o usuário estava realmente digitando.

Costure tudo

Seu Costureiro deve garantir que datas, horários, nomes e outros conteúdos falsos estejam consistentes em todo o protótipo. Não mencione Jane Smith em um lugar e Jane Smoot em outro. Procure erros de digitação e corrija quaisquer falhas óbvias. Pequenos erros podem chamar a atenção dos usuários e levá-los a perceber que estão olhando para um produto falso.

O trabalho do Costureiro pode assumir diversas formas, mas, independentemente do protótipo, é um papel crucial. Quando se divide o trabalho, é difícil acompanhar o todo. O Costureiro é quem vai manter todas as partes conectadas. Talvez ele queira verificar o progresso ao longo do dia para ver se há coerência entre as várias partes do protótipo. No fim, o Costureiro não deve hesitar em pedir ajuda ao restante da equipe caso haja mais trabalho a ser feito.

Teste

Gostamos de fazer nosso teste por volta das três da tarde, pois ainda temos tempo para consertar erros e preencher quaisquer lacunas que encontrarmos no protótipo. Peça a todos que façam uma pausa no trabalho e se reúnam e então convoque o Costureiro para repassar todo o protótipo, narrando o conteúdo para a equipe.

Enquanto isso, você deve compará-lo ao storyboard para ter certeza de que tudo entrou no protótipo. O teste também é um ótimo momento para revisar as perguntas do sprint. É uma última checagem para garantir que o protótipo vai ajudá-lo a obter respostas.

A plateia principal do teste é o Entrevistador, que conversará com os clientes na sexta-feira. Ele precisa estar familiarizado com o protótipo e com as perguntas do sprint a fim de extrair o máximo das entrevistas. (Explicaremos como conduzi-las no próximo capítulo.) No entanto, assistir ao teste será vantajoso para toda a equipe. Se o Definidor não tiver participado integralmente do sprint, esta é outra boa hora para uma aparição especial. O Definidor pode checar se tudo está de acordo com o que ele esperava.

Em nossa rotina normal de trabalho, há dias em que começamos com uma tarefa importante, seguimos um plano preciso de ação e terminamos com a tarefa concluída. Quinta-feira é um dia desse tipo, e é muito gratificante. Quando tiver finalizado seu protótipo, não fique surpreso se já sentir vontade de começar o próximo.

Sexta-feira

Os sprints começam com um grande desafio, uma excelente equipe — e não muito mais do que isso. Na sexta-feira de seu sprint, você terá criado soluções promissoras, escolhido as melhores e construído um protótipo realista. Só isso já daria uma semana incrivelmente produtiva. Mas na sexta-feira você dará mais um passo quando **entrevistar** clientes e **aprender** observando suas reações ao protótipo. Esse teste é o que faz todo o sprint valer a pena: no fim do dia, você saberá até onde deve ir e o que fazer exatamente em seguida.

15

Small Data

Em uma noite de agosto de 1996, um editor chamado Nigel Newton deixou seu escritório no distrito do Soho, em Londres, e foi para casa com uma pilha de papel. No meio da pilha, estavam cinquenta páginas de um livro que ele precisava avaliar, mas Newton não tinha grandes expectativas para ele. O manuscrito já havia sido rejeitado por oito editoras.

Newton não leu as páginas naquela noite. Em vez disso, ele as entregou à filha de oito anos, Alice.

Alice leu. Cerca de uma hora depois, a menina voltou do quarto, o rosto brilhando de animação. "Papai", disse ela, "isso é muito melhor do que qualquer outra coisa."

Ela não parava de falar sobre o livro. Queria terminar de lê-lo e não deu sossego ao pai — durante meses —, até ele conseguir o restante. No fim, incentivado pela insistência da filha, Newton fechou um contrato modesto com a autora e imprimiu quinhentos exemplares. O livro, que por pouco não chegou ao público, era *Harry Potter e a Pedra Filosofal*.

Você sabe como acaba essa história. Hoje, existem centenas de milhões de cópias impressas no mundo inteiro. Como os editores puderam cometer um erro tão grande? Oito especialistas em publicações infantis rejeitaram *Harry Potter* — e o nono, Newton, só imprimiu quinhentas cópias. Porém, Alice, uma menina de oito anos, soube de imediato que o livro era "muito melhor do que qualquer outra coisa".

Alice não analisou o potencial de *Harry Potter*. Não pensou na arte da capa, na distribuição, nos direitos de filmagem ou em um parque temático. Simplesmente reagiu ao que leu. Aqueles adultos tentaram prever o que as crianças pensariam e estavam errados. Alice acertou porque era, de fato, uma criança. E seu pai foi inteligente o bastante para ouvi-la.

Ao mostrar o manuscrito de *Harry Potter* à filha, Nigel Newton teve um vislumbre do futuro. Viu uma leitora do público-alvo reagir ao livro antes de se comprometer com a impressão de sequer um exemplar. Na sexta-feira de seu sprint, você e sua equipe vão experimentar o mesmo tipo de previsão do futuro. Verão clientes reagindo a novas ideias — antes de terem firmado um compromisso para lançá-las.

Veja o que acontece na sexta-feira: uma pessoa da equipe fará o papel de Entrevistador. Ela conversará com cinco membros de seu público-alvo, um de cada vez. Deixará cada um tentar concluir uma tarefa com o protótipo e fará algumas perguntas para entender o que estão pensando conforme interagem com ele. Enquanto isso, em outra sala, o restante da equipe vai assistir a uma transmissão ao vivo da entrevista e fará anotações sobre as reações dos clientes.

Essas entrevistas são uma montanha-russa de emoções. Se o protótipo confunde os clientes, você fica frustrado. Se não gos-

Equipe da FitStar assistindo aos clientes usando seu protótipo pela primeira vez.

tam de suas novas ideias, você se decepciona. Entretanto, quando concluem uma tarefa difícil, entendem algo que você há meses vem tentando explicar ou escolhem sua solução, e não a do concorrente, você se sente nas nuvens. Depois de cinco entrevistas, será fácil identificar os padrões.

Sabemos que a ideia de fazer um teste com uma amostra tão pequena incomoda alguns. Vale a pena conversar com apenas cinco clientes? As informações obtidas serão relevantes?

No início da semana, você recrutou e selecionou cuidadosamente participantes que se encaixam no perfil de seu público-alvo. Como estará conversando com as pessoas certas, estamos convencidos de que você pode confiar no que disserem. Também estamos convencidos de que pode aprender muita coisa com apenas cinco deles.

Cinco é o número mágico

Jakob Nielsen é um especialista em pesquisas com usuários. Nos anos 1990, foi pioneiro no campo da usabilidade de sites (o estudo de como projetar sites que as pessoas consigam entender). Ao longo da carreira, acompanhou milhares de entrevistas com clientes e, a certa altura, se perguntou: quantas entrevistas são necessárias para identificarmos os padrões mais importantes?

Assim, Nielsen analisou 83 de seus próprios estudos com produtos.[1] Assinalou em um gráfico quantos problemas foram descobertos após dez entrevistas, vinte entrevistas, e assim por diante. Os resultados foram ao mesmo tempo consistentes e surpreendentes: cerca de 85% dos problemas foram observados depois de apenas cinco entrevistas.

O teste com mais participantes não levou a um número muito maior de informações — só a muito mais trabalho. "O número de descobertas rapidamente alcança um ponto em que os retornos começam a diminuir", concluiu Nielsen. "Não há muitos benefícios adicionais em se analisar mais do que cinco pessoas no mesmo estudo; a taxa de retorno despenca como uma pedra." Em vez de investir muito mais tempo para encontrar os últimos 15%, Nielsen percebeu que podia simplesmente resolver os 85% e testar outra vez.

1 Nielsen, Jakob, e Landauer, Thomas K., "A Mathematical Model of the Finding of Usability Problems", Conteúdo da Conferência ACM INTERCHI'93 (Amsterdã, 24-29 de abril de 1993), pp. 206-13.

Identificamos o mesmo fenômeno em nossos próprios testes. Quando observamos o quinto cliente, estamos apenas confirmando os padrões exibidos nas quatro primeiras entrevistas. Já tentamos fazer o teste com um número maior de clientes, mas, como diz Nielsen, não vale a pena.

Você se lembra do problema na entrada da clínica familiar do protótipo feito pela One Medical? Depois de a equipe ter visto duas crianças sacolejarem nos carrinhos ao entrarem na clínica, o problema ficou claro. A equipe não precisou reunir mil pontos de dados antes de resolvê-lo. A mesma coisa se deu com a lotação da recepção e as mesas no consultório. Quando duas ou três pessoas entre cinco entrevistados têm a mesma reação — positiva ou negativa —, você deve levar em conta.

O número cinco, por acaso, também é muito conveniente. É possível encaixar cinco entrevistas de uma hora no mesmo dia, com tempo para um rápido intervalo entre cada uma e uma reunião de equipe para fazer um *debriefing*, ou seja, avaliar as conclusões no fim:

9:00	**Entrevista #1**
10:00	Intervalo
10:30	**Entrevista #2**
11:30	Almoço cedo
12:30	**Entrevista #3**
13:30	Intervalo
14:00	**Entrevista #4**
15:00	Intervalo
15:30	**Entrevista #5**
16:30	*Debriefing*

Esse cronograma condensado permite que todos da equipe assistam juntos às entrevistas e as analisem em primeira mão.

Isso significa não ter que esperar pelos resultados nem tentar interpretá-los.

Entrevistas individuais são um atalho extraordinário, pois permitem que seja feito um teste com a fachada do produto muito antes de você desenvolvê-lo de fato — e se apaixonar por ele. Geram resultados relevantes em um só dia. Mas também oferecem um dado importante que é quase impossível obter com dados quantitativos em grande escala: *por que* as coisas funcionam ou não.

Esse "por que" é decisivo. Se você não sabe por que um produto ou serviço não funciona, é difícil consertá-lo. Se a One Medical tivesse colocado mesas nos consultórios de sua clínica familiar, os pais teriam ficado frustrados. Mas seria difícil identificar o problema. Ao mostrarem às famílias um protótipo da clínica e entrevistá-las a respeito da experiência, a One Medical descobriu o *porquê* por trás do problema: os pais precisavam sentir segurança em relação ao médico, e qualquer distração, por menor que fosse, já seria demais. Quando tudo que temos são estatísticas, precisamos adivinhar o que os clientes estão pensando. Quando fazemos uma entrevista, podemos simplesmente... perguntar.

É fácil fazer essas entrevistas. Elas não requerem conhecimentos nem equipamentos especiais. Você não vai precisar de um psicólogo comportamental ou de um leitor ocular — só de simpatia, curiosidade e disposição para ter suas pressuposições derrubadas. No próximo capítulo, mostraremos como fazer isso.

16

Entrevista

Michael Margolis é um excelente interlocutor. Ele tem um sorriso fácil e faz muitas perguntas, é cheio de uma curiosidade natural sobre como é morar onde você mora, trabalhar onde você trabalha e fazer o que quer que você faça. Só depois você percebe que passou o tempo todo falando e não soube quase nada sobre ele.

A simpatia e a curiosidade de Michael são genuínas, mas suas habilidades sociais não são apenas um dom natural. Michael é um parceiro de pesquisa do GV, e, quando o vemos entrevistando clientes — o que já aconteceu centenas de vezes —, percebemos que estamos diante de uma arte burilada pela prática. Tudo, da estrutura das perguntas à linguagem corporal, ajuda as pessoas a pensarem em voz alta e se expressarem com sinceridade.

Por mais de 25 anos, Michael conduziu pesquisas para todos os tipos de companhias — Electronic Arts, Alcoa, Sun Microsystems, Maytag, Unilever, Walmart.com e Google. Ele está no GV desde 2010, trabalhando com as startups de nosso portfólio.

Ao longo dos anos, Michael adaptou seus métodos de pesquisa para que esta fosse rápida o bastante para startups e acessível para os funcionários. Michael treinou gerentes de produto, engenheiros, designers, vendedores e inúmeros outros profissionais para a condução dessas entrevistas. Qualquer um pode fazer isso — até um CEO.

Neste capítulo, vamos apresentar alguns dos segredos de Michael. Na terça-feira, você aprendeu seus atalhos para recrutar clientes perfeitos para o público-alvo (vide as páginas 150-154). Agora, aprenderá a fazer entrevistas. Essas conversas com clientes podem ensinar muito sobre as pessoas que usam seu produto, revelar problemas ocultos em suas soluções e o "porquê" por trás de tudo.

Independentemente do tipo de consumidor com que esteja conversando ou o modelo de protótipo que esteja testando, Michael usa a mesma estrutura básica: a Entrevista em cinco atos.

A Entrevista em cinco atos

Essa conversa estruturada ajuda o cliente a ficar à vontade, estabelece um contexto e garante que todo o protótipo seja analisado. Vejamos as etapas:

1. **Um cumprimento amigável de boas-vindas** para dar início à entrevista.
2. Uma série de **perguntas de contextualização** sobre o cliente.
3. **Apresentação do(s) protótipo(s)**.
4. **Tarefas** detalhadas para que o cliente reaja ao protótipo.
5. Um rápido ***debriefing*** para registrar os pensamentos e as impressões gerais do cliente.

A ação da sexta-feira se dá em dois ambientes. Na sala do sprint, a equipe assiste à transmissão ao vivo das entrevistas. (Nada de espiar aqui. Você vai pedir a permissão do cliente para gravar e transmitir o vídeo.) A entrevista ocorre em uma sala menor — à qual demos o nome extremamente original de "sala de entrevista".

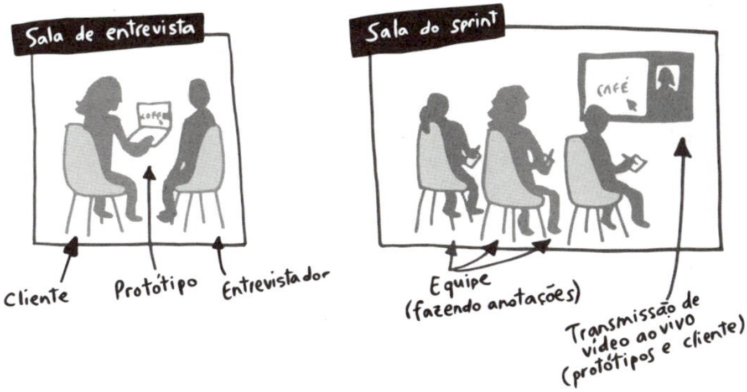

Você não vai precisar de nenhuma tecnologia especial. Para compartilhar o vídeo e o áudio, usamos um laptop comum com uma webcam e um software simples de videoconferência. Esse esquema funciona para sites, mas também para aparelhos móveis, robôs e outros dispositivos de hardware — basta apontar a webcam para o que deseja ver.

Michael Margolis conduzindo uma entrevista. Ele está sentado ao lado de uma cliente, mas lhe dá bastante espaço. Uma webcam transmite a reação da cliente para a sala do sprint.

SEXTA-FEIRA

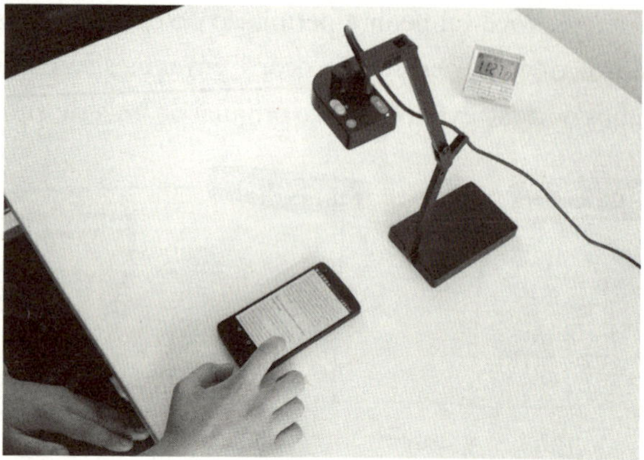

A complicação não passa disto: quando testamos aplicativos ou dispositivos de hardware, usamos uma câmera de documentos conectada a um laptop. O vídeo é transmitido do laptop para a sala do sprint.

Às vezes, o Entrevistador ou o cliente ficam em outro prédio, outra cidade ou até em trabalho de campo (Michael já conduziu entrevistas em hospitais, hotéis e concessionárias de caminhão), mas, desde que a equipe do sprint esteja assistindo ao vídeo, não tem problema. O que importa é que o Entrevistador e o cliente estejam sentados lado a lado, conversando à vontade. A entrevista não é um exercício em grupo; é uma conversa entre duas pessoas. Um membro da equipe pode fazer todas as entrevistas do dia, ou pode alternar com outra pessoa. (Como você está procurando padrões óbvios, de grande magnitude, não precisa se preocupar com a possibilidade de contaminar os dados com essa pequena mudança.)

Primeiro ato: Cumprimento amigável

Todo mundo precisa se sentir à vontade para se abrir, conversar com sinceridade e ter espírito crítico. Assim, a primeira tarefa do Entrevistador é dar as boas-vindas ao cliente e deixá-lo confortável. Isso significa um cumprimento caloroso e uma rápida troca de amenidades sobre o clima, por exemplo. Também implica em muitos sorrisos. (Se você não estiver muito no clima para sorrir, prepare-se para a entrevista ouvindo "Keep A-Knockin'", de Little Richard.)

Quando o cliente estiver confortavelmente sentado na sala da entrevista, o Entrevistador deve dizer algo como:

> "Obrigado por ter vindo hoje! Sempre tentamos aperfeiçoar nosso produto, e receber um retorno sincero de você é uma parte muito importante desse processo."
>
> "Esta entrevista será bastante informal. Vou fazer muitas perguntas, mas não estou testando você — estou testando este produto. Se você se sentir perdido ou confuso, a culpa não é sua. Na verdade, para nós, é até bom encontrar problemas que precisamos consertar."
>
> "Vou começar fazendo algumas perguntas de contextualização, e em seguida mostrarei algumas coisas em que estamos trabalhando. Você tem alguma dúvida antes de começarmos?"

O Entrevistador também deve perguntar ao cliente se há algum problema em gravar e transmitir o vídeo da entrevista, e deve garantir que o cliente assine qualquer papelada legal exigida por seus advogados. (Usamos um formulário simples, de uma só página, que trata de confidencialidade, permissão para filmagem e acordo de propriedade intelectual. Esses formulários também podem ser assinados por via eletrônica antes da entrevista.)

Segundo ato: Perguntas de contextualização

Após a apresentação, você estará ansioso para mostrar o protótipo. Mas tenha calma. Em vez disso, comece devagar, fazendo algumas perguntas sobre a vida, os interesses e as atividades do cliente. Essas perguntas ajudam a criar uma conexão, mas também lhe dão um contexto para entender e interpretar as reações e respostas de seu cliente.

Uma boa sessão de perguntas contextuais começa com uma troca de amenidades e depois passa para questões relevantes ao sprint. Se você fizer tudo certo, os clientes não vão nem perceber que a entrevista começou. Vai parecer uma conversa natural.

Em nosso sprint com a FitStar, sabíamos que seria importante entender como cada cliente enxergava a prática de exercícios. As perguntas de contextualização de Michael foram mais ou menos assim:

> "Em que área você trabalha?"
> "Há quanto tempo trabalha nisso?"
> "O que faz quando não está trabalhando?"
> "O que faz para se cuidar? Para manter a forma? Para se manter ativo?"
> "Você já usou algum aplicativo ou site ou qualquer outra coisa para ajudá-lo a manter a forma? Se sim, quais?"
> "O que você queria que essas coisas fizessem por você? O que gosta ou não gosta nelas? Você pagou por elas? Por quê? Por que não?"

Como pode ver, Michael começou com uma conversa genérica ("Em que área você trabalha?") e depois passou para o assunto da forma física ("O que faz para se cuidar?"). A cada pergunta que fazia, ele incentivava com sorrisos, acenos de cabeça e contato visual.

No mínimo, essas perguntas de contextualização deixam o cliente mais à vontade e receptivo. Contudo, muitas vezes as respostas também nos ajudam a entender como o produto ou serviço se encaixa na vida do cliente — e talvez o que as pessoas acham da concorrência. Nas entrevistas da FitStar, aprendemos sobre a experiência dos consumidores com vídeos de exercícios físicos e personal trainers, e como eles se exercitavam quando viajavam — todas informações muito úteis.

Terceiro ato: Apresentação do(s) protótipo(s)

Agora, você está pronto para mostrar o protótipo ao cliente. Michael começa dizendo:

> "Você estaria disposto a olhar alguns protótipos?"

Ao pedir consentimento, ele reforça o status da relação: o cliente está fazendo um favor *a ele*, e não o contrário; é o protótipo que será testado, e não o cliente. Também é importante dizer:

> "Pode ser que algumas coisas ainda não funcionem muito bem — se você deparar com algo assim, eu aviso."

É claro que, se o protótipo foi construído na "qualidade Cachinhos Dourados" na quinta-feira, o cliente vai esquecer que ele não é real quando começar a usá-lo. Entretanto, apresentá-lo desse modo o encoraja a lhe dar um feedback mais franco. Explicar que é um protótipo também facilita o trabalho do Entrevistador caso surja alguma falha ou o cliente se veja em um beco sem saída (duas coisas que provavelmente vão acontecer).

Lembre ao cliente que ele não está sendo testado, e sim o protótipo:

> "Não há respostas certas ou erradas. Como não fui eu que desenvolvi isso, você não vai me magoar nem me agradar. Na verdade, o que vai me ajudar muito é um feedback franco e sincero."

A frase "Não fui eu que desenvolvi isso" é importante, pois é mais fácil o cliente ser honesto se achar que o Entrevistador não está emocionalmente ligado às ideias. Com sorte, ele se absteve de trabalhar no protótipo na quinta-feira — mas deve dizer que não participou de sua construção mesmo que esteja mentindo. Fique tranquilo, não vamos dedurar você.

O Entrevistador também deve pedir ao cliente que pense em voz alta:

> "Conforme formos avançando, por favor, pense em voz alta. Diga o que está tentando fazer e como acha que pode pôr em prática. Se ficar confuso ou não entender alguma coisa, por favor, avise. Se vir algo de que goste, fale também."

Pensar em voz alta torna o formato da entrevista especialmente eficaz. É útil ver em quais pontos os clientes têm dificuldades e em quais se saem bem com o protótipo — mas ouvir seus pensamentos no decorrer da experiência é inestimável.

Quarto ato: Tarefas e empurrõezinhos

Seu produto vai estar por conta própria no mundo real — as pessoas vão encontrá-lo, avaliá-lo e usá-lo sem você ao lado para fazer as vezes de guia. Pedir aos clientes de seu público-alvo que executem tarefas realistas durante a entrevista é a melhor forma de estimular essa experiência no mundo de verdade.

Boas instruções para a execução de tarefas são como dicas para uma caça ao tesouro — não é divertido (nem útil) se dizem aonde você deve ir e o que deve fazer. Você tem que observar os clientes descobrindo por si mesmos como o protótipo funciona. Como exemplo, veja uma tarefa do teste da FitStar:

> "Digamos que você se depare com a FitStar na App Store. Como decidiria se quer ou não experimentá-lo?"

A partir desse empurrãozinho simples, o cliente lê e avalia a descrição do aplicativo, em seguida instalando-o e experimentando-o. A formulação "como você decidiria?" o encoraja a agir com naturalidade.

Aprendemos muito mais com essa simples tarefa do que teríamos aprendido se o cliente fosse guiado a cada passo. ("Instale o aplicativo. Agora, faça o registro. Agora, preencha o seu nome.") Tarefas amplas levam a entrevistas interessantes. Tarefas específicas demais são tediosas tanto para o cliente quanto para a equipe do sprint.

Enquanto o cliente executa a tarefa, o Entrevistador deve fazer perguntas para ajudá-lo a pensar em voz alta:

> "O que é isso? Para que serve?"
> "O que você acha disso?"
> "O que espera que isso faça?"
> "O que passa por sua cabeça quando você olha para isso?"
> "O que você está procurando?"
> "O que faria em seguida? Por quê?"

As perguntas devem ser fáceis de responder, e não intimidadoras. O Entrevistador tenta manter o cliente avançando e pensando em voz alta, sem qualquer ansiedade para encontrar a resposta certa.

Quinto ato: Um rápido *debriefing*

Para encerrar a entrevista, faça algumas perguntas para consolidar suas conclusões. Você vai ver e ouvir muitas coisas durante cada entrevista, e pode ser difícil selecionar as reações, os êxitos e as falhas mais importantes. Se fizer essas perguntas finais, os clientes podem ajudá-lo a revisar tudo que você apurou.

Aqui estão algumas perguntas que Michael faz:

> "O que acha deste produto em comparação ao que você já tem?"
> "Do que gostou neste produto? Do que não gostou?"
> "Como você descreveria este produto para um amigo?"
> "Se tivesse três desejos para melhorar este produto, quais seriam?"

Não se preocupe — perguntar sobre os "três desejos" não significa colocar o planejamento de seu produto nas mãos do cliente. Em vez disso, a pergunta ajuda os usuários a articularem suas reações. Ainda caberá a você decidir como interpretar e aplicar suas descobertas.

Se estiver testando dois ou mais protótipos durante as entrevistas, revise cada um (para refrescar a memória do cliente) e faça as seguintes perguntas:

> "Como você compararia estes diferentes produtos? Quais são os prós e os contras?"
> "Quais partes de cada um você combinaria para criar uma versão melhor?"
> "Qual deles funcionou melhor para você? Por quê?"

E é isso. Quando a conversa chega ao fim, o Entrevistador agradece ao cliente, dá a ele um vale-presente e o conduz até a saída.

Ao longo da sessão, o Entrevistador deve se manter envolvido na conversa. Deve encorajar o cliente a falar, mas permanecer neutro (use expressões como “certo” e “ok”, e não “ótimo!” ou “bom trabalho!”). Não há necessidade de fazer anotações. O restante da equipe na sala do sprint vai cuidar disso por você.

É claro que não esperamos que ninguém memorize cada pergunta e todos os cinco atos. Na quinta-feira, o Entrevistador pode começar escrevendo um roteiro enquanto os outros membros da equipe desenvolvem o protótipo. Na sexta, ele pode imprimir o roteiro para consultá-lo durante a entrevista. Esse guia não apenas facilitará a condução das entrevistas, como as tornará consistentes — o que ajuda na identificação de padrões ao longo do dia.

Uma de nossas histórias preferidas sobre o potencial das entrevistas vem de um amigo designer chamado Joe Gebbia. Em 2008, Joe e dois amigos fundaram uma startup. Eles tinham o que pensavam ser uma ideia fantástica para um marketplace on-line. Construíram e lançaram um site, então passaram meses aperfeiçoando-o, até terem certeza de que estava perfeito.

Entretanto, apesar dos esforços, o novo serviço não decolava. Tinham alguns consumidores e uma pequena receita, mas não estavam crescendo. Ganhando apenas 200 dólares por semana, não conseguiam sequer pagar o aluguel. Com a esperança de dar uma virada no negócio antes de quebrarem, os fundadores partiram para uma medida desesperada. Interromperam o trabalho de desenvolvimento, deixaram o escritório e localizaram alguns clientes dentre os poucos que tinham. Depois, eles os entrevistaram. Frente a frente, assistiram às pessoas, uma de cada vez, usando o site da startup.

Joe descreve aquelas entrevistas como “aflitivas e esclarecedoras”. Ele se recorda: “Estávamos dando com a cara na parede.” O site estava cheio de falhas. Até as coisas mais simples — como escolher uma data no calendário — confundiam as pessoas.

Quando voltaram para o escritório, Joe e seus cofundadores passaram uma semana resolvendo os problemas mais evidentes e em seguida lançaram uma nova versão para os consumidores. A receita dobrou para 400 dólares por semana, e Joe precisou checar se não havia algum erro no sistema financeiro. Mas os números eram verdadeiros. Então, conduziram outra rodada de entrevistas, seguida de mais uma rodada de melhorias. Os lucros dobraram outra vez para 800 dólares, depois para 1.600 dólares, depois para 3.200 dólares por semana. O crescimento não parou por aí.

Essa startup era o Airbnb. Hoje, o marketplace on-line de hospedagem opera em mais de 30 mil cidades e 190 países. Eles já atenderam mais de 35 milhões de hóspedes. No fim das contas, era *mesmo* uma ideia incrível, mas, para fazê-la funcionar, precisaram realizar aquelas entrevistas. "Há uma lacuna entre a visão e o cliente", diz Joe. "Para fazer os dois se encaixarem, você precisa conversar com as pessoas."

As entrevistas do Airbnb mostraram aos fundadores como os clientes entendiam o produto, revelando problemas que eles mesmos não conseguiam enxergar. Eles não abandonaram a própria visão ao ouvirem os clientes. Em vez disso, as entrevistas forneceram informações que precisavam ser combinadas ao projeto para preencher a lacuna e criar um produto que funcionasse para indivíduos reais.

Não prometemos que as entrevistas o tornarão tão bem-sucedido quanto o Airbnb, mas prometemos que o processo será esclarecedor. No próximo capítulo, explicaremos como organizar suas observações: tomando notas, identificando padrões e tirando conclusões sobre os próximos passos.

DICAS PARA O ENTREVISTADOR

Com um roteiro de Cinco atos, suas entrevistas com certeza serão eficazes. Contudo, Michael tem algumas outras técnicas para torná-las ainda melhores.

1. Seja um bom anfitrião

Imagine que você é o cliente que vai participar de uma entrevista. Você chega a um prédio em que nunca esteve para experimentar um novo produto (embora não saiba bem do que se trata) e será observado por alguém que acabou de conhecer. O encontro pode ter parecido uma boa ideia duas horas antes, mas agora você já não está mais tão seguro.

O Entrevistador é o anfitrião, e o cliente é o convidado. Michael certifica-se de que o cliente esteja confortável antes de dar início à entrevista. Sorri bastante. Toma cuidado com a linguagem corporal. Usa balas de hortelã para manter o hálito fresco. E sempre começa a entrevista com uma pergunta feita para o cliente se sentir à vontade.

2. Faça perguntas cujas respostas não se limitem a sim ou não

Para entender o pensamento do cliente, você precisa ter o cuidado de não fazer perguntas que o conduzam a respostas específicas. Algumas dessas perguntas são óbvias e fáceis de evitar (com certeza, ninguém vai perguntar "Você gosta disso, não é?"). Contudo, é possível que você faça perguntas indutoras sem perceber.

Digamos que esteja entrevistando um cliente que está explorando seu site — você quer saber o que ele acha e se pensaria em se cadastrar para uma versão demo de seu produto.

Entrevistador: "Agora que você viu o site, estaria pronto para fazer o cadastro ou precisaria de mais informações?"

Cliente: "Hum, acho que precisaria de mais informações... Ah, aqui está a área de perguntas frequentes. Vou dar uma olhada."

Esse diálogo parece razoável à primeira vista, mas a resposta de múltipla escolha ("pronto para fazer o cadastro" *versus* "precisa de mais informações") influenciou a resposta do cliente. Você está presumindo que ele vai querer uma das duas opções. Não é fácil fazer isso, mas você deve evitar perguntas de múltipla escolha. Quase sempre são perguntas indutoras disfarçadas.

Por outro lado, pense no que aconteceria se, em vez disso, você fizesse perguntas abertas.

Entrevistador: "Agora que você viu o site, o que acha?"

Cliente: "Não sei, quer dizer... Acho que não é o site certo para minha empresa."

Entrevistador: "Por quê?"

Cliente: (Inserir a razão fascinante aqui.)

Acabamos de inventar esse cenário, mas é algo que vimos acontecer dezenas de vezes. Quando você faz perguntas abertas, é mais provável que receba uma reação sincera e uma explicação do motivo.

Tudo isso pode soar um pouco complicado, mas o conselho de Michael para evitarmos questões indutoras resume-se a apenas duas regras:

NÃO faça perguntas de múltipla escolha ou que só admitem "sim/não".

("Você iria...?" "Você acha...?" "Isto é...?")

FAÇA as seis perguntas essenciais, não necessariamente nessa ordem.

("Quem...?" "O quê...?" "Onde...?" "Quando...?" "Por quê...?" "Como...?")

Como tudo na vida, fazer essas perguntas vai ficando cada vez mais fácil com a prática. Um truque simples para o Entrevistador: anote exemplos de perguntas essenciais no roteiro.

3. Faça perguntas incompletas

Michael Margolis é o mestre das perguntas incompletas. A ideia por trás desse tipo de questão é começar a fazer uma pergunta, mas parar antes de dizer qualquer coisa que possa influenciar o cliente.

Cliente: "Hum!"
Michael: "Então, o que... é..." (Silêncio.)
Cliente: "Bem, eu só fiquei surpreso ao ver que os preços são muito altos."

Michael recebeu uma resposta sincera e útil do cliente sem nem mesmo concluir a pergunta. E, como foi uma pergunta tão vaga, o cliente não se sentiu pressionado a dizer a Michael o que achava que ele queria ouvir.

Em uma situação como o exemplo anterior, em que o cliente reage a algo sem oferecer mais explicações, é tentador fazer uma pergunta indutora, como: "Você estava olhando para aqueles preços?" Com uma pergunta incompleta, você encoraja as pessoas a pensar em voz alta sem as levar em qualquer direção.

Você também pode aprender muitas coisas sem falar nada. Não se sinta obrigado o tempo todo a preencher o silêncio com diálogo. Pare, observe, espere e ouça.

4. Uma mentalidade curiosa

Nosso último conselho sobre como ser um ótimo Entrevistador não é uma técnica, mas uma mentalidade. Na quinta-feira, a equipe precisa ter a mentalidade voltada ao protótipo. Na sexta, todo mundo — em especial o Entrevistador — deve se esforçar para adotar uma mentalidade curiosa.

Adotar uma mentalidade curiosa significa estar fascinado por seus clientes e suas reações. Você pode desenvolver essa faculdade concentrando-se nos detalhes surpreendentes do que seus clientes dizem e fazem. Sempre pergunte "por quê?". Não pressuponha nem tire conclusões precipitadas. Antes de cada entrevista, imagine quão interessantes serão as informações que seu cliente oferecerá. Use sua linguagem corporal para mostrar-se mais amigável e receptivo: sorria, incline-se em direção ao entrevistado e não cruze os braços. A curiosidade é uma atitude que pode ser incorporada e até mesmo aprendida.

Se quiser aprender mais sobre entrevistas com clientes (e assistir a um vídeo de Michael conduzindo uma), dê uma olhada em thesprintbook.com.

17

Aprenda

Eram 8h30 de uma manhã de sexta-feira em São Francisco, o último dia de nosso sprint com o Slack. Michael agendara nossa primeira entrevista com um cliente para as nove da manhã, e a equipe do sprint estava chegando, cada um com seu café na mão. Reorganizamos os sofás e as cadeiras da sala para que todos pudessem ficar de frente para a tela. Braden conectou um laptop, abriu um navegador e entrou na videoconferência iniciada por Michael.

O Slack começara a semana com um grande desafio: era difícil explicar a usuários em potencial como o software funcionava. Muitos dos benefícios de usar o Slack (comunicação melhor, trabalho em equipe melhor, menos estresse no trabalho) só ficavam claros quando os usuários resolviam dar uma chance ao aplicativo e experimentá-lo com suas equipes. Testar um novo software dá muito trabalho, então o Slack precisava deixar claro seu valor desde o início.

Na sexta-feira de nosso sprint, havia duas soluções concorrentes. Merci Grace, a gerente de produto do Slack, preferia um tutorial passo a passo chamado "Tour completo", que mostraria aos usuários como o Slack funcionava. Stewart Butterfield, fundador e CEO do Slack, tinha um bom pressentimento quanto a uma ideia chamada "Equipe de bots" — uma maneira de os usuários experimentarem o Slack comunicando-se com uma equipe de personagens controlados por computador. Você já conhece essa história, mas não sabe como termina.

Esse é o objetivo da sexta-feira — encontrar o final para a história do sprint. É a chance de colocar seus protótipos na frente de clientes de verdade, ver como eles reagem, responder às perguntas do sprint e planejar o que fazer em seguida. Naquela sexta-feira, todos estavam entusiasmados e um pouco nervosos para ver como os protótipos se sairiam. O zunido dos cochichos foi interrompido quando a tela piscou e uma imagem apareceu.

Pela transmissão, ouvimos uma porta se fechar. Michael disse: "Obrigado por ter vindo hoje." Logo depois, observamos a primeira usuária se sentar, dirigindo um olhar nervoso para a câmera e relaxando logo após Michael fazer algumas perguntas de aquecimento.

Michael apresentou nosso primeiro protótipo à usuária. Por um momento, ela não fez nada. Então, inclinou-se, pegou o mouse e começou a falar.

A sexta-feira parece um longo mistério. Com o passar do dia, você vai reunindo pistas. Algumas vão ajudá-lo a solucionar o caso, mas outras vão levá-lo na direção errada. Só no fim — por volta das cinco da tarde — é que tudo começa a se encaixar e as respostas ficam claras.

Assim como a equipe do Slack, o grupo de seu sprint passará a sexta-feira reunido. Enquanto o Entrevistador testa o protótipo com os clientes, sua equipe vai se reunir na sala do sprint para assistir à entrevista e fazer anotações. É o fim de uma semana intensa, e talvez vocês sintam a pressão de retornar ao "trabalho normal" — e-mails, reuniões e os essenciais bate-papos no bebedouro. Mas o sprint só funciona se vocês ficarem juntos até o fim.

Assistam juntos, aprendam juntos

Todo mundo tem um superpoder. Uma força única. Para os engenheiros de software, é programar. Para os profissionais do marketing, é planejar campanhas. Para nós, é colar notas autoadesivas em quadros brancos. Há uma habilidade em que você é especialmente bom, e é bem capaz que você se sinta mais produtivo quando a põe em prática.

É tentador abandonar o grupo do sprint na sexta-feira e deixar cada um retornar ao seu superpoder. Desse modo, o Entrevistador poderia usar o superpoder dele em entrevistas para o teste do protótipo com os clientes. Já experimentamos essa abordagem, e o que acontece é o seguinte: o Entrevistador conversa com cada cliente. Até aí, tudo bem. Infelizmente, ele não pode falar e fazer anotações detalhadas ao mesmo tempo, por isso grava as conversas. As entrevistas são conduzidas na sexta-feira. Assim, ele só ouvirá as gravações na segunda. As entrevistas levam o dia inteiro, e toma mais um dia revisar as gravações e interpretar o conteúdo. Depois disso, ele precisa de algumas horas para montar um documento ou apresentação com suas conclusões. Já é terça-feira. (Conhecemos alguns pesquisadores que editam um vídeo com os "destaques" dos momentos mais interessantes das entrevistas — é fantástico, mas consome muito tempo.) E, depois de tudo isso, o Entrevistador precisa marcar um encontro com a equipe do sprint para apresentar e revisar suas conclusões. Vai demorar, no mínimo, até a quarta-feira seguinte ao sprint para a equipe poder ver os resultados.

Há ainda outros problemas. Com o passar do tempo, o ritmo da equipe se desintegra, e todos são sugados de volta pelo turbilhão da rotina. E há também um problema de credibilidade. Como a equipe não assistiu ao teste, resta-lhes confiar no processo e nos resultados do Entrevistador. Isso equivale à diferença entre ver um filme e apenas ouvir alguém lhe contar seu enredo.

Por sorte, a solução para todos esses problemas é simples: assistam às entrevistas juntos. É muito mais rápido, porque todo mundo absorve os resultados ao mesmo tempo. Suas conclusões serão melhores se tiradas em grupo, pois vocês terão sete cérebros trabalhando juntos. Além disso, vão evitar problemas de credibilidade e confiança, já que cada membro do sprint poderá ver os resultados. E, no fim do dia, vocês vão tomar uma decisão embasada sobre o que fazer em seguida — os resultados das entrevistas (e do sprint) ainda estarão claros na memória de curto prazo de todo mundo.

Esse incrível trabalho em equipe não se produz sozinho, mas, com alguns passos simples, você pode sempre chegar lá. Eis o que fazer:

Façam, em grupo, anotações das entrevistas

Antes da primeira entrevista, desenhe uma tabela em um grande quadro branco na sala do sprint. Use cinco colunas — uma para cada cliente que será entrevistado — e algumas linhas — uma para cada protótipo, ou parte dele, ou para cada pergunta do sprint.

Distribua notas autoadesivas e pincéis atômicos para todos os presentes na sala. Dê instruções sobre como fazer anotações durante as entrevistas: "Quando ouvir ou vir algo interessante, escreva em uma nota. Você pode registrar citações, observações ou sua interpretação do que aconteceu."

Use cores diferentes dependendo da anotação: verde para positivo, vermelho para negativo, preto para neutro. Se só tiver pincéis pretos, escreva um sinal de mais ou de menos no canto, ou deixe sem sinal para anotações neutras.

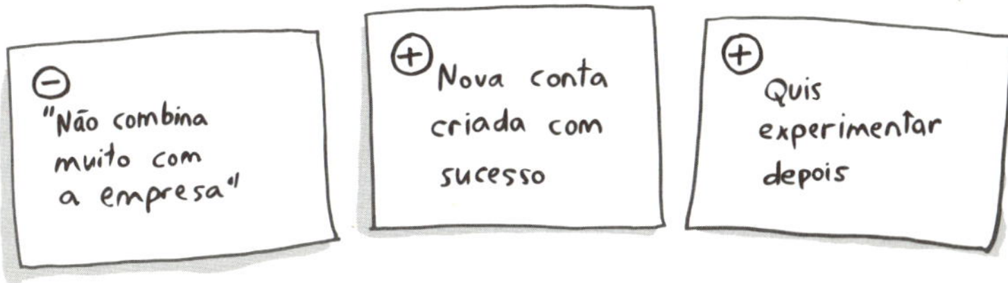

Durante as entrevistas, a sala deve ficar em silêncio. A entrevista é um momento para ouvir com atenção e fazer anotações detalhadas. Nada de reações acaloradas nem de tentativas de resolver problemas na hora. Também é importante respeitar o cliente que está sendo entrevistado. Apesar de ele não poder ouvi-lo (o stream de vídeo deve ser de "mão única"), mantenha em mente que, se ele tiver dificuldade com o protótipo, o problema é *seu*, e não do cliente.

No fim de cada entrevista, recolha as notas e cole-as no quadro branco. Coloque-as na linha e na coluna corretas, mas não se preocupe ainda com nenhum outro quesito de organização. Em seguida, faça uma pausa. Manter a concentração e tomar notas durante cinco horas é cansativo, então faça intervalos entre as entrevistas.

Na tarde da sexta-feira, cinco usuários em potencial haviam experimentado os dois protótipos do Slack, e o quadro branco estava coberto de notas autoadesivas. Nós nos reunimos em frente ao quadro para organizá-las e procurar padrões.

Começamos checando as reações à "Tour completo", a solução que continha um guia direto, passo a passo, sobre o Slack. Ainda havia uma confusão geral sobre como o programa funcionava com o e-mail, mas quatro dos cinco usuários entenderam seu valor geral — um grande sucesso. Apenas dois dos cinco tentaram se cadastrar, mas parecia haver muitos problemas fáceis de resolver que, se fossem solucionados, poderiam levar ao aumento desse número. (Um dos mais óbvios: o botão de cadastro do "Tour" ficava muito embaixo na página.)

Todos concordaram: a solução "Tour completo" não era perfeita, mas era muito melhor do que o marketing atual do Slack.

Em seguida, voltamos nossa atenção para os resultados da "Equipe de bots". Usuário por usuário, lemos as anotações. Não foi nada bom. As observações eram dominadas por comentários como "Ela está confusa", "Não parece melhor do que e-mail" e "Não sei bem o que é isto". Só uma pessoa gostou de conversar com os personagens controlados por computador, e até ela ficou confusa quanto ao propósito do software.

Todos nós assistimos às entrevistas, é claro, mas a ficha só caiu quando olhamos para as anotações: o pressentimento de Stewart estava errado. Isso foi uma surpresa — sua intuição em geral era excelente. Mas também foi um alívio. Desenvolver a "Equipe de bots" e ajustá-la seria uma tarefa complicada e cara. Déramos o melhor de nós a um protótipo realista, e ele tinha fracassado. Agora, a equipe inteira sentia-se confiante para se concentrar em outra coisa.

Por outro lado, o "Tour completo" parecia promissor. As peças estavam encaixadas, e alguns dos problemas eram de fácil solução. O próximo passo era bem claro. Para preencher as lacunas, Merci e sua equipe fariam outro sprint.

A equipe do Slack esperava um sucesso absoluto; em vez disso, tiveram resultados mistos. No entanto, havia uma boa notícia: eles sabiam que o "Tour completo" representava uma melhora, sabiam que a "Equipe de bots" era uma encrenca e sabiam que precisavam se concentrar na questão "Slack *versus* e-mail".

Transformar um quadro branco cheio de notas autoadesivas em uma lista de padrões e passos a seguir pode parecer alquimia, mas, depois que todos assistem juntos às entrevistas, é muito simples.

Identifique padrões

Peça a toda a equipe que se reúna perto do quadro branco. Todos devem ficar perto o bastante para conseguir ler as notas. Durante cinco minutos, revisem-nas; dê a cada membro da equipe um bloco e uma caneta para que escrevam os padrões identificados. Busquem padrões que tenham sido observados em três ou mais clientes. Se apenas dois clientes tiverem reagido da mesma forma, mas a reação tiver sido especialmente intensa, anote-a também.

Após cinco minutos procurando padrões individualmente, peça aos membros da equipe que compartilhem o que identificaram e leia tudo em voz alta. Em outro quadro branco, liste os padrões e rotule cada um como positivo, negativo ou neutro. Quando estiver tudo listado, é hora de interpretar os resultados.

De volta para o futuro

Na segunda-feira, vocês criaram uma lista de perguntas para o sprint, que representa o mundo desconhecido entre a equipe e seu objetivo de longo prazo. Agora que conduziram o teste e identificaram padrões nos resultados, é hora de retornar a essas perguntas. As questões do sprint vão ajudá-los a decidir quais padrões são mais importantes e também vão apontar para os próximos passos à frente.

O sprint do Slack apresentava duas questões importantes. Em primeiro lugar, eles queriam saber: "Podemos explicar como o Slack funciona a pessoas que nunca o experimentaram?" Depois do sprint, a resposta era: "Sim... talvez." A solução "Tour completo" fez um trabalho satisfatório no que diz respeito à explicação do Slack. Contudo, Merci e o restante da equipe não estavam contentes com um "trabalho satisfatório". Queriam ajustar o "Tour completo" e aperfeiçoá-lo.

A segunda questão era: "Podemos ajudar um indivíduo a entender como o Slack funciona antes que sua equipe comece a usar o aplicativo?" Toda equipe que adota o Slack começa com uma única pessoa. Essa pessoa precisa imaginar como seria usar o software com o grupo inteiro antes de convencer seus colegas a se juntarem. A equipe falsa de bots havia sido uma tentativa de resolver esse problema, mas não se saiu bem. Ainda assim, o Slack achava que poderia haver uma forma diferente de resolver esse desafio na página do marketing. Então, os membros da equipe responderam: "Não... talvez", e prometeram tentar outra vez no próximo sprint.

No fim do sprint, você fará a mesma coisa. Revise seu objetivo de longo prazo e as perguntas identificadas na segunda-feira. Você provavelmente não responderá a cada uma delas, mas fará progresso, assim como o Slack.

Depois de olhar para trás, costuma ser fácil definir o próximo passo. A equipe pode ter uma breve discussão para então (você adivinhou) o Definidor escolher como agir em seguida.

Todo mundo sempre sai ganhando

Talvez a melhor parte de um sprint seja o fato de que não há possibilidade de você perder. Se testar seu protótipo com os clientes, você ganhará o melhor de todos os prêmios — a chance de descobrir, em apenas cinco dias, se está no caminho certo com suas ideias. Os resultados não seguem um modelo exato. Você pode ter fracassos eficientes que são boas notícias, sucessos com falhas que precisam ser resolvidas, e diversas outras combinações. Vamos dar uma olhada em como cinco equipes interpretaram os resultados de seus testes e descobrir o que decidiram fazer em seguida.

O Slack obteve dois resultados com o sprint. Em primeiro lugar, tiveram um fracasso eficiente quando descobriram que uma solução não funcionava, economizando meses de trabalho de programação e um custo gigantesco. Seu outro protótipo foi um sucesso com falhas. Três semanas depois, a equipe voltou a se reunir para um segundo sprint com o propósito de aperfeiçoar o "Tour completo". Explicaram melhor como a troca de mensagens funcionava. Fizeram melhorias nos diagramas e tornaram o tutorial mais claro. Quando testaram o protótipo aperfeiçoado, os resultados saltaram aos olhos: o novo site foi compreendido pelos cinco usuários, e o Slack o construiu e o pôs no ar logo depois.

Os desenvolvedores de robôs da Savioke fizeram um sprint com um resultado raro: praticamente todas as ideias que testamos foram bem-sucedidas. Então, a equipe concentrou seus esforços na tarefa de vender essas ideias, sendo recompensada com uma grande cobertura da imprensa e com uma nova clientela entre os hotéis.

A Blue Bottle Coffee experimentou três protótipos concorrentes com uma Batalha clássica. Uma ideia foi um fracasso eficiente; as outras duas foram sucessos com falhas. A Blue Bottle pegou os melhores elementos desses dois protótipos que obtiveram êxito e os fundiu em um site que gerou um aumento significativo nas vendas.

O sprint da Flatiron tinha uma pergunta monumental: as clínicas de câncer alterariam seu fluxo de trabalho para usar uma nova ferramenta? Havia muito em jogo. Se convencessem os coordenadores de pesquisa de que a mudança valia a pena, poderiam ter mais pacientes participando de ensaios clínicos. Trabalhando juntos, fizemos o protótipo de um novo software que testamos com coordenadores de pesquisa. O resultado foi um empolgante sucesso com falhas. Os coordenadores não adoraram todas as partes do protótipo, mas sua reação entusiasmada ao conceito deu à Flatiron confiança para continuar desenvolvendo o software. Seis meses depois, as clínicas estavam usando o produto final para identificar combinações entre pacientes e ensaios.

Muitas vezes, um teste bem-sucedido não é o fim do processo, mas o início. Em 2014, conduzimos um sprint com o Medium, uma plataforma para a escrita criada pelo fundador do Twitter, Ev Williams. Ev e sua equipe tinham várias ideias para aperfeiçoar as ferramentas de comentários e discussão do Medium, e, após o teste da sexta-feira, havia vários sucessos com falhas nos quais valia a pena insistir. Os engenheiros do Medium passaram a semana seguinte executando duas das ideias mais fortes do sprint. Depois, para testá-las, eles as liberaram para uma fração dos usuários do Medium. Foi um sprint suplementar com dados de grande escala. (No fim das contas, as duas ideias provocaram o aumento das discussões.)

Muitas companhias querem lançar um projeto o mais rápido possível para obter dados de centenas, milhares ou até milhões de indivíduos. Coletar dados em grande escala é ótimo. Contudo, na pressa para chegar lá, é fácil perder a oportunidade de reunir de antemão informações em pequena escala, quando ainda há tempo de corrigir o curso. Como ilustra a história do Medium, você pode ter o melhor dos dois mundos. Pode conversar com os seus clientes *e* aprender com dados em grande escala.

Feito para pessoas

Ao adotar a prática de ouvir seus clientes, você vai lembrar com frequência por que está trabalhando tanto. Cada entrevista aproxima mais você e sua equipe das pessoas a quem estão tentando ajudar com seu produto ou serviço.

Se continuar desenvolvendo sprints e for leal a sua visão, um dia você acabará com essa distância. Estará assistindo a um teste de sexta e verá as pessoas compreenderem sua ideia, acreditarem que ela vai melhorar a vida dos outros e perguntarem ao Entrevistador onde podem comprá-la.

Esses momentos são como o Centro de Controle de Missão comemorando a aterrissagem segura que a *Apollo 13* fez no Pacífico. São como a cena em que os ladrões de *Onze Homens e Um Segredo* observam a fonte depois do roubo, ou a de Gandalf surgindo sobre uma águia gigante para salvar Frodo e Sam. É fantástico. É o que um trabalho deveria ser. Não é para ser o desperdício de tempo em reuniões intermináveis, seguidas de idas ao boliche que servem para unir as equipes — mas, sim, o trabalho em conjunto a fim de construir algo importante para pessoas de verdade. Esse é o melhor uso que você pode fazer de seu tempo. Isso é um sprint.

Decolagem

É um dia bem frio de dezembro, parecendo que vai cair uma tempestade. Dois cofundadores se aproximam e trocam algumas palavras. Na semana anterior, seu último protótipo fracassou, mas eles acham que sabem o motivo. Fizeram ajustes, e nesta manhã estão confiantes. Após mais de três anos testando, seu louco objetivo de longo prazo pode estar ao alcance.

A maioria das pessoas diria que o tempo está uma droga, mas os dois mal parecem perceber. Se o protótipo fracassar, eles ainda assim aprenderão alguma coisa e sabem que só cinco pessoas verão isso acontecer. Os cofundadores fazem os preparativos finais e checam para ver se os observadores estão preparados. É hora de começar.

E funciona. Por doze gloriosos segundos, tudo dá certo. Seu segundo teste também é um sucesso, e o mesmo acontece com o terceiro. Horas depois de terem começado, fazem o quarto e último teste do dia, e bum! Quatro sucessos. No último teste, o protótipo funciona por noventa segundos inteiros, e os cofundadores ficam extasiados.

O ano é 1903, e Orville e Wilbur Wright acabaram de se tornar os primeiros seres humanos a realizar um voo motorizado.

É fácil pensar nos irmãos Wright como personagens históricos de outro mundo, cujo famoso voo foi uma obra de genialidade sem paralelos. No entanto, enquanto lê este livro, talvez você reconheça os métodos e o trabalho duro que os levaram às nuvens.

Os irmãos Wright começaram com um objetivo ambicioso, praticamente insano. A princípio, não sabiam exatamente como chegar lá. Então, identificaram as perguntas mais importantes que precisavam responder. Em 1899, os Wright conduziram sua própria versão de Pergunte aos especialistas, correspondendo-se com outras pessoas que tentaram voar e escrevendo para o Smithsonian Institute em busca de documentos técnicos sobre aerodinâmica. Encontraram ideias preexistentes pesquisando sobre pipas e asas-deltas, observando os pássaros e estudando hélices de barcos. Desse modo, combinaram, adaptaram e aperfeiçoaram.

Nos cinco anos seguintes, fizeram progresso dedicando-se a protótipos. Um passo de cada vez, isolaram os desafios e superaram obstáculos. Eles conseguiriam subir o bastante? Alguém seria capaz de manter uma aeronave estável? Seria possível acrescentar um motor? Eles caíram ao longo do caminho... muitas vezes. Contudo, a cada tentativa, usavam um novo protótipo construído para responder a uma questão específica. Mantiveram o foco em seu objetivo de longo prazo e não desistiram.

Parece familiar? Os irmãos Wright não usaram sprints para inventar o avião, mas um kit de ferramentas parecido. E usaram, usaram e usaram. Formular perguntas, construir protótipos e fazer testes tornou-se um estilo de vida.

Os sprints podem criar esses hábitos em sua empresa. Depois de seu primeiro sprint, talvez você observe uma mudança no modo como sua equipe trabalha. Vocês vão buscar maneiras de transformar discussões em hipóteses que possam ser testadas. Procurarão formas de responder a perguntas importantes não em algum dia no futuro, mas nesta semana. Fomentarão a confiança na experiência uns dos outros e na habilidade coletiva de fazer progresso rumo a objetivos ambiciosos.

A expressão "objetivo ambicioso" pode parecer jargão corporativo ou o cabeçalho de um cartaz motivacional qualquer. Mas não devemos sentir vergonha de ter objetivos ambiciosos no trabalho. Cada um de nós dispõe de um tempo limitado no dia, no ano e em nossa vida. Quando for trabalhar de manhã, você precisa saber que seu tempo e seu esforço vão significar alguma coisa. Deve ter a certeza de que está fazendo a diferença na vida de pessoas reais. Com as técnicas apresentadas neste livro, pode se concentrar no trabalho que realmente importa.

Desde 2012, conduzimos mais de cem sprints com startups. É um número alto, mas não é nada em comparação ao número de pessoas que adotaram o processo do sprint e o usaram por conta própria para resolver problemas, reduzir riscos e tomar melhores decisões no trabalho.

Já soubemos que sprints foram feitos em salas de aula. Na Universidade Columbia, em Nova York, o professor R. A. Farrokhnia queria ensinar a seus alunos de administração e engenharia como conduzir um sprint, mas — com a típica grade curricular — não havia possibilidade de reservar uma semana inteira. Então, ele invadiu o sistema. O professor Farrokhnia encontrou uma semana livre no fim do verão e organizou uma aula experimental que se estendeu por cinco dias inteiros. As salas de Columbia geralmente são organizadas como em um auditório, o que não é o ideal para um sprint. Para resolver essa questão, o professor encontrou salas que estavam sendo redecoradas e arranjou alguns quadros brancos. Estava tudo preparado para o sprint.

Em Seattle, no estado de Washington, dois professores de matemática do ensino médio chamados Nate Chipps e Taylor Dunn usaram um sprint para ensinar probabilidade a seus alunos. Os estudantes criaram protótipos fiéis de um jogo de tabuleiro em uma única aula. Na aula seguinte, observaram enquanto seus colegas jogavam o protótipo, fazendo anotações sobre quais ideias funcionavam e quais falhavam. Quando concluíram a última tarefa (uma versão revisada do jogo), viram como os princípios da probabilidade se aplicavam à vida real.

Ouvimos falar de sprints em todo tipo de contexto. A lendária firma de consultoria McKinsey & Company começou a conduzir sprints, assim como a agência de propaganda Wieden+Kennedy. O processo de sprint é usado em agências do governo e organizações sem fins lucrativos, bem como em grandes companhias de tecnologia, como Airbnb e Facebook. Ouvimos histórias sobre sprints de Munique, Joanesburgo, Varsóvia, Budapeste, São Paulo, Montreal, Amsterdã, Cingapura e até Wisconsin.

Tornou-se claro que os sprints são versáteis e que podem ser transformadores quando as equipes seguem o processo. Esperamos que você se sinta motivado para conduzir seu primeiro sprint — no trabalho, em uma organização de voluntários ou até para tentar fazer uma mudança em sua vida pessoal.

Você pode realizar um sprint sempre que não souber bem o que fazer, ou que estiver com dificuldades para iniciar alguma coisa, ou quando lidar com uma decisão que envolve muitos riscos. Os melhores sprints são usados para resolver problemas importantes, então o encorajamos a entrar em uma grande luta.

Ao longo do livro, você aprendeu algumas ideias incomuns sobre como trabalhar mais rápido e de forma mais inteligente:

- Em vez de pular direto para soluções, mapeie com calma o problema e defina um alvo inicial com a equipe. Comece devagar para ir rápido.
- Em vez de gritar ideias na multidão, trabalhe de forma independente para criar esboços detalhados de possíveis soluções. O brainstorming é problemático, e há um caminho melhor.
- Em vez de debates abstratos e reuniões intermináveis, use a votação e eleja um Definidor para tomar decisões rápidas que reflitam as prioridades da equipe. É a sabedoria do grupo sem os perigos do *groupthink*.
- Em vez de definir todos os detalhes antes de testar sua solução, crie uma fachada. Adote a "mentalidade do protótipo" para poder aprender rápido.
- E, em vez de supor e esperar que esteja no caminho certo (enquanto investe montanhas de dinheiro e meses em suas ideias), teste o protótipo com clientes de seu público-alvo e registre as opiniões sinceras deles.

No GV, investimos em startups porque queremos que elas mudem o mundo para melhor. Queremos que você mude o mundo também. Para isso, concluiremos com mais um pensamento sobre os irmãos Wright, de seu amigo John T. Daniels, presente no famoso voo de 17 de dezembro de 1903.

"Não foi a sorte que os fez voar; foi o trabalho duro e o bom senso", disse Daniels. E não parou por aí: "Bom Deus, pergunto-me o que todos nós poderíamos fazer se tivéssemos fé em nossas ideias e lhe dedicássemos nossa mente, nosso coração e nossa energia como fizeram os rapazes Wright!"

Também nos perguntamos isso. Achamos que você pode realizar muitas coisas, e sabemos exatamente por onde pode começar.

Checklists

Nas páginas seguintes, você encontrará checklists para cada parte de seu sprint. (Disponibilizamos também em thesprintbook.com.)

Conduzir um sprint é mais ou menos como fazer um bolo: se não seguir a receita, pode acabar com uma bagunça terrível. Você não deixaria de acrescentar açúcar e ovos se quisesse que seu bolo ficasse bom. Do mesmo modo, não pode deixar de lado o protótipo e o teste se quiser que o sprint dê certo.

Para seus primeiros sprints, siga todas as etapas. Depois de pegar o jeito, sinta-se livre para experimentar, assim como fazem os confeiteiros mais experientes. E, se encontrar algo novo que melhore o processo, pedimos que compartilhe conosco!

PREPARANDO O TERRENO

- ❑ **Escolha um grande desafio.** Recorra a um sprint quando muita coisa estiver em jogo, quando não houver tempo suficiente ou simplesmente quando se encontrar em um beco sem saída. (p.41)
- ❑ **Encontre um Definidor (ou dois).** Sem um Definidor, as decisões não serão levadas a sério. Se seu Definidor não puder participar do sprint inteiro, peça-lhe que aponte um representante que possa. (p.47)
- ❑ **Recrute uma equipe para o sprint.** Sete pessoas ou menos. Acrescente habilidades diferentes ao grupo de indivíduos que já trabalham no projeto diariamente. (p.50)
- ❑ **Agende outros especialistas.** Nem todos os especialistas vão poder estar presentes durante toda a semana. Para a tarde da segunda-feira, marque entrevistas de quinze a trinta minutos com especialistas adicionais. Reserve um total de duas a três horas. (p.53)
- ❑ **Escolha um Facilitador.** Ele administrará o tempo, as conversas e o processo do sprint como um todo. Procure alguém que tenha confiança para liderar uma reunião e sintetizar discussões. Talvez seja você mesmo! (p.53)
- ❑ **Reserve cinco dias inteiros no calendário.** Marque com sua equipe de sprint o período das dez da manhã às cinco da tarde da segunda até a quinta, e das nove às cinco na sexta. (p.57)
- ❑ **Disponha de uma sala com dois quadros brancos.** Reserve uma sala que a equipe do sprint possa usar durante toda a semana. Se já não tiver dois quadros brancos, compre alguns ou improvise. Reserve uma segunda sala para as entrevistas da sexta. (p.59)

Pontos-chave

- **Sem distrações.** Não são permitidos laptops, celulares ou iPads. Se precisar usar um desses aparelhos, saia da sala ou aguarde o intervalo. (p.58)

- **Aloque períodos de tempo para cada atividade.** Um prazo apertado gera confiança no processo do sprint. Use um Time Timer para manter o foco e criar uma sensação de urgência. (p.64)
- **Planeje-se para almoçar mais tarde.** Intervalo para o lanche por volta das 11h30 e almoço por volta de uma da tarde. Esse cronograma preserva os níveis de energia e ajuda a evitar filas para o almoço. (p.57)

MATERIAL PARA O SPRINT

- ❑ **Muitos quadros brancos.** Os de pendurar na parede são os melhores, mas os giratórios também são bons. Alternativas: IdeaPaint, blocos grandes de Post-its com cavalete ou folhas de papel pardo coladas nas paredes. Providencie dois grandes quadros brancos (ou uma área de superfície equivalente). (p.61)
- ❑ **Notas autoadesivas amarelas de 7 x 12 cm.** Dê preferência ao amarelo clássico, pois as notas multicoloridas causam uma sobrecarga cognitiva desnecessária. Providencie quinze blocos.
- ❑ **Pincéis atômicos pretos para quadro branco.** Usar um pincel grosso vai ajudá-lo a empregar um caráter incisivo a suas ideias e a facilitar a leitura para os outros. Preferimos pincéis de quadro a Sharpies porque são mais versáteis, têm um cheiro mais fraco e você não precisa se preocupar com a possibilidade de manchar para sempre seu quadro branco. Providencie dez pincéis.
- ❑ **Pincéis atômicos verdes e vermelhos para quadro branco.** Para as notas com observações na sexta. Providencie dez de cada cor.

- ❑ **Canetas hidrográficas pretas.** Para os esboços da terça. Evite canetas muito finas, pois acabam levando as pessoas a escrever em tamanho muito pequeno. Gostamos da Paper Mate Flair de ponta média. Providencie dez canetas.
- ❑ **Papel.** Para os esboços (infelizmente, nem tudo cabe em uma nota autoadesiva). Providencie cem folhas de papel carta ou A4.
- ❑ **Fita-crepe.** Para colar os esboços de soluções nas paredes. Basta um rolo.
- ❑ **Adesivos de bolinha pequenos.** Para votação nos mapas de calor. Todos devem ter a mesma cor (gostamos de azul). Se estiver procurando na internet, também são chamados de etiquetas adesivas para codificação. Providencie umas duzentas bolinhas pequenas.
- ❑ **Adesivos de bolinha grandes.** Para os votos "Como poderíamos", pesquisas de intenção e supervotos. Devem ser todos da mesma cor, mas diferentes das bolinhas pequenas (gostamos de rosa ou laranja). Providencie umas cem bolinhas grandes.
- ❑ **Time Timers.** Para cronometrar o tempo ao longo do sprint. Providencie dois: um para cronometrar o tempo da atividade em andamento e outro para lembrá-lo de quando fazer um intervalo.
- ❑ **Lanchinhos saudáveis.** Bons petiscos vão ajudar a manter a energia da equipe ao longo do dia. Comam alimentos saudáveis, como maçãs, bananas, iogurte, queijo e sementes oleaginosas (amendoim, castanha, amêndoa etc.). Para levantar a energia, chocolate amargo, café e chá. Providencie mais do que o suficiente para todo mundo.

SEGUNDA-FEIRA

Observação: os horários são aproximados. Não se preocupe se houver atrasos. Lembre-se de fazer intervalos a cada sessenta/noventa minutos (ou por volta das 11h30 e das 15h30 todos os dias).

10h

- ❏ **Escreva este checklist em um quadro branco.** Quando terminar, insira um sinal de visto (✓) neste primeiro item. Viu como foi fácil? Continue assinalando os outros itens ao longo do dia.
- ❏ **Apresentações.** Se nem todo mundo se conhece, faça uma rodada de apresentações. Nomeie o Facilitador e o Definidor e descreva o papel de cada um.
- ❏ **Explique como funciona o sprint.** Apresente o processo dos cinco dias de sprint (você pode usar a apresentação de slides que disponibilizamos em thesprintbook.com). Percorra este checklist e descreva rapidamente cada atividade.

10h15 (aproximadamente)

- ❏ **Defina um objetivo de longo prazo.** Seja otimista. Pergunte: por que estamos conduzindo esse projeto? Onde queremos estar em seis meses, um ano ou em até cinco anos? Escreva o objetivo de longo prazo em um quadro branco. (p.73)
- ❏ **Liste as perguntas do sprint.** Seja pessimista. Pergunte: E se falharmos? Transforme esses temores em questões que poderão ser respondidas até o fim da semana. Liste as perguntas em um quadro branco. (p.75)

11h30 (aproximadamente)

- ❏ **Trace um mapa.** Faça uma lista dos clientes e atores importantes à esquerda. Desenhe o fim, com seu objetivo concluído, à direita.

Em seguida, faça um fluxograma entre uma parte e outra, mostrando como os clientes interagem com seu produto. Não complique: o fluxograma deve ter entre cinco e quinze etapas. (p.86)

13h

- ❑ **Intervalo para o almoço.** Comam juntos se for possível (é divertido). Aconselhe a equipe a escolher pratos leves para conservar a energia à tarde. Haverá lanchinhos se ficarem com fome depois.

14h

- ❑ **Pergunte aos especialistas.** Entreviste especialistas da equipe do sprint e convidados de fora. Tente fazer com que cada entrevista dure de quinze a trinta minutos. Pergunte sobre a ideia, a pesquisa de satisfação do cliente, como as coisas funcionam e projetos anteriores. Finja ser um repórter. Atualize o objetivo de longo prazo, as perguntas do sprint e o mapa à medida que avançar. (p.95)
- ❑ **Explique como funcionam as notas "Como poderíamos".** Distribua pincéis atômicos e notas autoadesivas. Reescreva os problemas do sprint como se fossem oportunidades. Comece com as letras "CP" no canto superior esquerdo. Registre uma ideia por nota autoadesiva. Acumule uma pilha conforme for progredindo. (p.97)

16h (aproximadamente)

- ❑ **Organize as notas "Como poderíamos".** Cole todas em qualquer ordem na parede. Mova ideias semelhantes de forma que fiquem lado a lado. Rotule temas à medida que surgirem. Não seja perfeccionista. Pare após cerca de dez minutos. (p.103)
- ❑ **Vote nas notas "Como poderíamos".** Cada pessoa tem dois votos e pode votar nas próprias notas, ou até na mesma nota duas vezes. Coloque as vencedoras em seu mapa. (p.104)

16h30 (aproximadamente)

- ❑ **Escolha um alvo.** Circule seu cliente mais importante e um momento-alvo no mapa. A equipe pode dar opiniões, mas é o Definidor quem toma a decisão final. (p.112)

Pontos-chave

- **Comece pelo fim.** Comece imaginando o resultado final e os riscos que correrá ao longo do caminho. Em seguida, trabalhe de trás para a frente com o propósito de descobrir quais serão os passos necessários para chegar lá. (p.71)
- **Ninguém sabe tudo.** Nem mesmo o Definidor. Todo o conhecimento da equipe do sprint está guardado no cérebro de cada um. Para resolver seu grande problema, você precisará extrair esse conhecimento e construir um entendimento compartilhado. (p.93)
- **Reformule problemas como oportunidades.** Identifique cuidadosamente os problemas e use a expressão "Como poderíamos" para transformá-los em oportunidades. (p.97)

Dicas para o Facilitador

- **Peça permissão.** Peça permissão ao grupo para "facilitar" todo o andamento. Explique que tentará manter o progresso, o que tornará o sprint mais eficiente para todos. (p.115)
- **ABC: sempre registre tudo.** Sintetize o debate da equipe em anotações no quadro branco. Improvise quando necessário. Pergunte sempre: "Como devemos registrar isso?" (p.115)
- **Faça perguntas óbvias.** Finja ser ingênuo. Pergunte "Por quê?" muitas vezes. (p.116)
- **Cuide bem dos humanos.** Mantenha a energia de sua equipe. Faça intervalos a cada sessenta ou noventa minutos. Lembre a todos da importância de fazer lanchinhos e de consumir alimentos leves no almoço. (p.117)

- **Decida e siga em frente.** Decisões lentas consomem energia e ameaçam o cronograma do sprint. Se o grupo mergulhar em um longo debate, peça ao Definidor que tome uma decisão. (p.118)

TERÇA-FEIRA

10h

- ❑ **Demonstrações-relâmpago.** Analise boas soluções de uma variedade de empresas, inclusive a sua. Três minutos por demonstração. Registre as boas ideias com um rápido desenho no quadro branco. (p.124)

12h30 (aproximadamente)

- ❑ **Divida ou agrupe.** Decida quem fará os esboços de cada parte do mapa. Se tiver uma grande parte do mapa como alvo do sprint, divida-a e dê cada seção a uma pessoa. (p.131)

13h

- ❑ Almoço.

14h

O Esboço em quatro etapas. Explique rapidamente as quatro etapas. Todos devem fazer esboços. Quando tiverem terminado, coloquem os esboços em uma pilha e deixem para analisá-los no dia seguinte. (p.139)

- ❑ **1. Anotações.** Vinte minutos. Ande em silêncio pela sala e recolha as anotações. (p.140)
- ❑ **2. Ideias.** Vinte minutos. Rabisquem individualmente ideias básicas. Circulem as mais promissoras. (p.141)
- ❑ **3. Crazy 8s.** Oito minutos. Dobre uma folha de papel para criar oito blocos. Esboce a variação de uma de suas melhores ideias em cada um. Dedique um minuto a cada esboço. (p.142)
- ❑ **4. Esboço da solução.** De trinta a noventa minutos. Crie um storyboard de três painéis em notas autoadesivas ou em uma folha de papel. O storyboard deve ser autoexplicativo e anônimo.

Não tem problema se ficar feio. Palavras são importantes. Use um título marcante. (p.145)

Pontos-chave

- **Ajuste e aperfeiçoe.** Cada grande invenção é desenvolvida com base em ideias preexistentes. (p.123)
- **Qualquer um pode fazer esboços.** A maioria dos esboços da solução não passa de retângulos e palavras. (p.133)
- **O concreto é melhor do que o abstrato.** Use esboços para transformar ideias abstratas em soluções concretas que possam ser avaliadas pelos outros. (p.136)
- **Trabalho individual em conjunto.** O brainstorming não funciona. Em vez disso, dê a cada um tempo para desenvolver soluções sozinho. (p.137)

Recrute clientes para o teste de sexta

- ❑ **Encarregue alguém do recrutamento.** A atividade vai levar uma ou duas horas de trabalho por dia durante o sprint. (p.150)
- ❑ **Recrute na Craigslist.** Poste um anúncio genérico que atraia um público amplo. Ofereça compensação (usamos um vale-presente de 100 dólares). Acrescente o link para a pesquisa de seleção. (p.150)
- ❑ **Escreva a pesquisa de seleção de participantes.** Faça perguntas que o ajudem a identificar os membros de seu público-alvo, mas não revele quem está procurando. (p.151)
- ❑ **Recrute clientes de sua rede de contatos.** Se precisar de especialistas ou clientes preexistentes, use sua rede para encontrá-los. (p.153)
- ❑ **Faça confirmações por e-mail e telefone.** Ao longo da semana, entre em contato com cada cliente para se certificar de que ele vai aparecer na sexta-feira.

QUARTA-FEIRA

10h

- ❑ **Decisão que cola.** Siga estes cinco passos para escolher as soluções mais promissoras:
  - ❑ **Museu de arte.** Cole os esboços das soluções em uma longa fileira na parede. (p.165)
  - ❑ **Mapa de calor.** Peça a cada um que analise os esboços em silêncio e cole de um a três adesivos de bolinha ao lado das partes de que gostarem. (p.165)
  - ❑ **Críticas-relâmpago.** Três minutos por esboço. Discutam em grupo os destaques de cada solução. Registrem as ideias mais promissoras e objeções importantes. No fim, pergunte ao criador do esboço se o grupo deixou passar alguma coisa. (p.168)
  - ❑ **Pesquisa de intenção de voto.** Cada um escolhe em silêncio sua ideia favorita. Todos ao mesmo tempo colocam um adesivo grande de bolinha para registrar seu voto (que ainda não é definitivo). (p.171)
  - ❑ **Supervoto.** Dê ao Definidor três adesivos grandes de bolinha e escreva as iniciais dele nos adesivos. Explique que as escolhas dele serão transformadas em protótipo e testadas. (p.174)

11h30 (aproximadamente)

- ❑ **Separe os esboços vencedores dos que estão na categoria "talvez mais tarde".** Reúna os esboços que receberam supervotos. (p.174)
- ❑ **Batalha ou "Tudo em um".** Decida se os vencedores se encaixam em um mesmo protótipo, ou se ideias conflitantes requerem dois ou três protótipos concorrentes em uma Batalha. (p.179)
- ❑ **Invente nomes de marcas.** Se fizer uma Batalha, use o Anote-e-vote para escolher nomes de marcas falsas. (p.180)

- ❑ **Anote-e-vote.** Use esta técnica sempre que precisar reunir ideias do grupo e filtrá-las até chegar a uma decisão rapidamente. Peça às pessoas que escrevam ideias individualmente. Em seguida, liste-as em um quadro branco e peça ao Definidor que escolha uma vencedora. (p.180)

13h

- ❑ Almoço.

14h

- ❑ **Faça um storyboard.** Use um storyboard para planejar seu protótipo. (p.184)
    - ❑ **Desenhe um painel quadriculado.** Cerca de quinze quadrados em um quadro branco. (p.187)
    - ❑ **Escolha uma cena de abertura.** Pense em como os clientes geralmente encontram seu produto ou serviço. A cena de abertura deve ser simples: busca na internet, matéria de revista, prateleira de loja etc. (p.189)
    - ❑ **Preencha o storyboard.** Se possível, coloque esboços prontos no storyboard; se não puder, desenhe. Não escrevam todos juntos. Inclua apenas o número suficiente de detalhes para ajudar a equipe a criar o protótipo na quinta-feira. Na dúvida, arrisque-se. A história final deve ter entre cinco e quinze etapas. (p.190)

Dica para o Facilitador

- **Não esgote a bateria.** Toda decisão consome energia. Quando surgirem decisões difíceis, recorra a um Definidor. Quanto aos pequenos impasses, adie para o dia seguinte. Não deixe novas ideias abstratas se infiltrarem. Trabalhe com o que já tem. (p.194)

QUINTA-FEIRA

10h

- ❑ **Escolha as ferramentas certas.** Não use as ferramentas habituais. Elas são feitas para um trabalho de qualidade. Em vez disso, use ferramentas simples, rápidas e flexíveis. (p.222)
- ❑ **Divida para conquistar.** Distribua papéis: Executor, Costureiro, Escritor, Coletor de recursos e Entrevistador. Você também pode dividir o storyboard em cenas menores e atribuir cada uma a membros diferentes da equipe. (p.223)
- ❑ **Protótipo!**

13h

- ❑ Almoço.

14h

- ❑ **Protótipo!**
- ❑ **Costure tudo.** Com o trabalho dividido em partes, é fácil se perder. O Costureiro deve checar a qualidade e assegurar que todas as peças façam sentido quando encaixadas. (p.226)

15h (aproximadamente)

- ❑ **Teste.** Revise seu protótipo. Procure erros. Certifique-se de que o Entrevistador e o Definidor o vejam. (p.226)
- ❑ **Conclua o protótipo.**

Ao longo do dia

- ❑ **Escreva um roteiro para a entrevista.** O Entrevistador se prepara para o teste da sexta-feira escrevendo um roteiro. (p.225)
- ❑ **Confirme o encontro de sexta com os clientes.** Um e-mail serve, mas uma ligação é melhor.

- ❑ **Compre vales-presente para os clientes.** Geralmente usamos vales de 100 dólares.

Pontos-chave

- **Mentalidade do protótipo.** Você pode criar um protótipo para qualquer coisa. Protótipos são descartáveis. Construa apenas o suficiente para aprender, e nada mais. O protótipo precisa parecer real. (p.203)
- **"Qualidade Cachinhos Dourados".** Crie um protótipo que só tenha a qualidade necessária para suscitar reações sinceras dos clientes. (p.205)

SEXTA-FEIRA

Laboratório de pesquisa improvisado

- ❑ **Duas salas.** Na sala do sprint, a equipe assistirá à transmissão das entrevistas. Vocês vão precisar de uma segunda sala menor para as entrevistas em si. Certifique-se de que a sala de entrevista esteja limpa e seja confortável para seus convidados. (p.238)
- ❑ **Prepare o hardware.** Posicione uma webcam de forma a ver as reações dos clientes. Se seu cliente for usar um smartphone, iPad ou outro dispositivo de hardware, use uma câmera de documentos e um microfone.
- ❑ **Prepare o stream de vídeo.** Use qualquer software de videoconferência para transmitir o vídeo para a sala do sprint. Garanta que a qualidade de som seja boa, e que o vídeo e o áudio sejam transmitidos unilateralmente.

Pontos-chave

- ❑ **Cinco é o número mágico.** Após cinco entrevistas, surgirão padrões importantes. Faça todas as cinco entrevistas no mesmo dia. (p.233)
- ❑ **Assistam juntos, aprendam juntos.** Não desmantele a equipe do sprint. Assistir à entrevista juntos é mais eficiente, e vocês vão tirar conclusões mais precisas. (p.257)
- ❑ **Todo mundo sempre sai ganhando.** Seu protótipo pode ser um fracasso eficiente ou um sucesso com falhas. Seja como for, você aprenderá o que precisa para o próximo passo. (p.263)

Entrevista em cinco atos

- ❑ **Cumprimento amigável.** Dê as boas-vindas ao cliente e faça com que se sinta à vontade. Diga que está em busca de um feedback sincero. (p. 240)

- ❑ **Perguntas de contextualização.** Comece trocando amenidades, e em seguida passe para perguntas sobre o tópico que está investigando. (p.241)
- ❑ **Apresentação do protótipo.** Lembre ao cliente que algumas coisas podem não funcionar e que não é ele que está sendo testado. Peça-lhe que pense em voz alta. (p.243)
- ❑ **Tarefas e empurrõezinhos.** Observe o cliente descobrir sozinho como o protótipo funciona. Comece com um empurrãozinho simples. Faça perguntas que estimulem o cliente a pensar em voz alta. (p.244)
- ❑ ***Debriefing.*** Faça perguntas que levem o cliente a resumir suas impressões. Então agradeça, entregue o vale-presente e o conduza até a porta. (p.245)

Dicas para o entrevistador

- **Seja um bom anfitrião.** Durante a entrevista, sua prioridade deve ser o conforto do cliente. Use a linguagem corporal para se mostrar mais simpático. Sorria! (p.249)
- **Faça perguntas cujas respostas não se limitem a sim ou não.** Formule perguntas do tipo "Quem / O quê / Onde / Quando / Por quê / Como...". Não faça perguntas indutoras de múltipla escolha ou cujas respostas se limitam a "sim/não". (p.249)
- **Faça perguntas incompletas.** Pare antes de concluir uma pergunta, deixando-a em aberto. O silêncio encoraja o cliente a falar de maneira menos enviesada. (p.251)
- **Uma mentalidade curiosa.** Cultive um fascínio verdadeiro pelas reações e pelos pensamentos de seu cliente. (p.252)

Assistindo às entrevistas

Antes da primeira entrevista

- ❑ **Faça uma tabela em um quadro branco.** Reserve uma coluna para cada cliente. Em seguida, adicione uma linha para cada protótipo ou cada seção do protótipo. (p.258)

Durante cada entrevista

- ❑ **Faça anotações enquanto assiste.** Distribua notas autoadesivas e pincéis atômicos. Registre citações diretas, observações e interpretações. Indique se foram positivas ou negativas. (p.258)

Após cada entrevista

- ❑ **Insira as notas.** Cole suas anotações nas linhas e colunas corretas da tabela no quadro branco. Discutam rapidamente a entrevista, mas evitem tirar conclusões nesse momento. (p.259)
- ❑ **Faça um rápido intervalo.**

No fim do dia

- ❑ **Identifique padrões.** No fim do dia, leia o quadro em silêncio e anote os padrões que surgirem. Faça uma lista de todos os padrões que as pessoas identificaram. Rotule cada um como positivo, negativo ou neutro. (p.261)
- ❑ **Encerre.** Revise seu objetivo de longo prazo e as perguntas do sprint. Compare com os padrões identificados nas entrevistas. Decida o que fazer depois do sprint. Anote. (p.261)

Perguntas frequentes

P: Posso ser o Facilitador de um sprint mesmo sem nenhuma experiência?

R: Sim.

Com este livro, você tem tudo de que precisa. Aliás, está muito mais bem preparado do que estávamos quando começamos!

P: O sprint requer horas extras?

R: Não.

O sprint requer mais ou menos 35 horas de trabalho de cada participante. A equipe deve estar descansada para poder dar o seu melhor no trabalho. Você estará em casa para o jantar.

P: Os participantes do sprint atrasarão muito o trabalho regular?

R: Um pouco.

É impossível passar 35 horas em um sprint e, ao mesmo tempo, fazer seu trabalho de sempre. Contudo, como o sprint só vai das dez da manhã às cinco da tarde, os participantes têm a opção de dedicar algum tempo de manhã a outras tarefas.

P: O sprint funciona em grandes empresas?

R: Sim.

Em grandes companhias, pode ser difícil conseguir tempo com o Definidor e outros especialistas. Concentre-se em marcar participações especiais na segunda-feira e garanta que um representante seja nomeado pelo Definidor para estar presente todos os dias.

P: O sprint funciona para produtos de hardware?

R: Sim.

O maior desafio de um sprint de hardware é o protótipo. Aqui estão três técnicas para criar um protótipo de hardware em um dia: modifique ou construa com base em um produto preexistente, mesmo que não esteja completo; use impressoras 3-D ou outras técnicas de fabricação rápida para fazer um protótipo do zero; ou ainda crie um Folder de fachada, que permite aos clientes uma interação com o produto mesmo sem vê-lo. Para mais informações, veja a página 221.

P: O sprint serve para [insira aqui produto ou serviço cujo protótipo seria superdifícil de desenvolver]?

R: É quase certo que sim.

Adote a mentalidade do protótipo e quase tudo se torna possível. Para mais informações sobre a mentalidade do protótipo, veja a página 203.

P: O sprint funciona para organizações sem fins lucrativos?

R: Sim.

Assim como as startups, as organizações sem fins lucrativos têm grandes desafios e recursos limitados. A definição de "público-alvo" pode ser diferente, mas questões relacionadas a ONGs — como arrecadação de fundos, relações públicas e prestação de serviços à comunidade — podem ser respondidas a partir do desenvolvimento de protótipos e de testes com pessoas de verdade.

P: **Sprints funcionam em sala de aula?**

R: **Sim.**

O maior desafio de se conduzir um sprint em sala de aula é o cronograma. Se você conseguir reservar uma semana, vá em frente! Contudo, se só tiver um ou dois encontros de algumas horas por semana com a turma, precisará de criatividade.

Em Columbia e Stanford, professores adaptaram o processo do sprint transformando um "dia" em cada sessão de estudos (seja em sala de aula ou com tarefas de casa em equipe). A divisão do processo provoca a falta de continuidade e gasta muito tempo com os reinícios. Ajude os alunos encorajando-os a tirar muitas fotos. Se possível, deixe-os manter seus mapas, as perguntas do sprint e outras anotações em cavaletes, ou em algo parecido.

P: **Podemos conduzir um sprint com os membros da equipe em lugares diferentes?**

R: **Talvez.**

Conduzir um sprint com pessoas que não estão fisicamente no local é complicado. Se quiser incluí-las no exercício de segunda-feira "Pergunte aos especialistas" ou como observadores dos testes de sexta, será relativamente fácil com uma videoconferência. Mas, se quiser incluí-las em outras etapas, precisará de engenhosidade e de uma relação sólida. A questão é: nada que acontece no papel ou em um quadro branco funcionará muito bem para seus colegas distantes. (Felizmente, a tecnologia para resolver esse problema está próxima, mas ainda vamos ter que esperar um pouco.)

P: Posso fazer um sprint sozinho?

R: Mais ou menos.

Não espere que um sprint solo seja tão bom quanto um sprint em equipe. No entanto, conversamos com pessoas que foram bem-sucedidas nessa empreitada, e as técnicas do sprint podem ser úteis no trabalho individual. Por exemplo, acione um cronômetro e se force a pensar em várias soluções para um problema. Faça protótipos de suas ideias para responder a perguntas específicas antes de mergulhar na implementação. Veja mais dicas sobre como usar partes do sprint abaixo.

P: Podemos parar após a etapa "Decida"?

R: Não.

Essa pergunta é feita com muita frequência, e sabemos que isso é tentador. Depois de identificar ideias promissoras, você poderia facilmente começar a desenvolvê-las de imediato. O problema é: ideias que parecem perfeitas na quarta-feira muitas vezes fracassam no teste da sexta. Se derem continuidade ao sprint, desenvolvendo protótipos e testando-os, você e sua equipe vão descobrir se essas ideias são tão boas quanto parecem.

P: Podemos realizar um sprint de um, dois ou três dias?

R: Não recomendamos.

Se comprimir o cronograma, ou você não concluirá as etapas de protótipo e teste (vide as partes anteriores), ou trabalhará tantas horas extras que vai acabar completamente exaurido. Isso tampouco é uma receita para bons resultados.

P: **E quanto a um sprint de quatro dias?**

R: **Talvez.**

Se a equipe tem experiência com sprints de cinco dias, talvez você consiga comprimir as atividades de segunda, terça e quarta em apenas dois dias. Entretanto, você não deve comprimir as etapas de protótipo e teste — reserve um dia inteiro para cada uma.

P: **Se acabamos de concluir um sprint, podemos encurtar o sprint suplementar?**

R: **Sim.**

Sprints suplementares são exceções à regra dos cinco dias. Como você já terá um mapa e um protótipo, assim como resultados do primeiro teste para ajudá-lo a criar novas soluções e a tomar decisões, muitas vezes é possível acelerar um sprint de sequência. Duas coisas não mudam: você ainda vai precisar de um protótipo realista e também será necessário testá-lo com cinco clientes.

P: **Podemos usar partes do sprint sem conduzir o processo inteiro?**

R: **Sim.**

Para um grande desafio, use um sprint completo. Mas há muitas técnicas de sprint que são úteis em outros cenários. Se você precisa tomar uma pequena decisão durante uma reunião, experimente o exercício Anote-e-vote (p.180). Se a equipe estiver frustrada por causa de alguns problemas, experimente escrever notas "Como poderíamos" (p.97). Se estiver falando em soluções abstratas, recorra ao Esboço em quatro etapas para torná-las mais concretas (p.139). Qualquer reunião pode se beneficiar de um Time Timer (p.64) e de um Facilitador fazendo anotações no quadro branco (p.53).

E você pode conduzir entrevistas com clientes (p.240) em absolutamente qualquer momento — com um protótipo, com seu produto real, com produtos da concorrência ou até sem nenhum produto. Garantimos que você aprenderá alguma coisa.

P: **O teste de sexta-feira é um exemplo de grupo focal?**

R: **Não.**

Um "grupo focal", ou *focus group*, consiste em cerca de dez clientes discutindo uma ideia ao mesmo tempo. Essa técnica apresenta os piores problemas da dinâmica de grupo: pessoas tímidas com medo de falar, tagarelas falando demais, papos de vendedor e uma opinião formada em grupo que não reflete os pontos de vista de ninguém.

O teste da sexta, por outro lado, consiste em entrevistas individuais e em observar as reações dos clientes. Nessas entrevistas, você pode acreditar no que vê.

P: **Podemos conduzir o teste de sexta remotamente, por telefone ou videoconferência?**

R: **Sim, mas é necessário tomar um cuidado extra.**

Nosso parceiro Michael Margolis conduz testes remotos o tempo todo, usando software de videoconferência para compartilhar telas de computador e entrevistar os clientes. Contudo, esse tipo de entrevista é mais difícil. Você precisará se esforçar muito mais para despertar o interesse de seu cliente, colocá-lo à vontade e encorajá-lo a pensar em voz alta. Além disso, a tecnologia representa um desafio extra. Você não pode desperdiçar um tempo valioso para ajustar o software de videoconferência, então pratique com antecedência e envie para os clientes um tutorial detalhado para a conexão.

P: Podemos testar o protótipo com menos de cinco pessoas?

R: Não.

Depois de quatro entrevistas com clientes, geralmente é difícil identificar padrões. Com cinco, é fácil. (Dê uma olhada no gráfico de Jakob Nielsen na p.234 para uma ilustração desse fenômeno.) Se você agendar cinco pessoas e só quatro aparecerem, é possível que dê tudo certo. Mas não agende quatro ou menos.

P: Podemos testar com amigos e familiares?

R: Não.

Você só pode confiar nos resultados se entrevistar clientes que se encaixem no perfil de seu público-alvo. Mesmo que seus amigos e familiares por acaso tenham esse perfil, há outro grande problema: a opinião deles é suspeita, ou, no mínimo, eles sabem demais. Para o teste, você deve procurar reações sinceras de clientes do mundo real — algo que nunca conseguirá com pessoas que o conhecem.

P: E quanto a pessoas aleatórias na Starbucks?

R: Provavelmente não.

Se você estiver desenvolvendo um produto para pessoas aleatórias que frequentam a Starbucks, talvez funcione. Ainda assim, você provavelmente precisaria de uma rodada adicional de seleção para encontrar os cinco clientes exatos — o frequentador regular da Starbucks, o pai/a mãe solteiro/a, a pessoa que está viajando a negócios etc.

P: É recomendável entrevistar clientes antes de um sprint?

R: Sim!

Sabemos como é difícil encontrar tempo para entrevistas com clientes antes de um sprint. Normalmente, não conseguimos fazer isso. Porém, se você conseguir, esse tipo de "pré-pesquisa" faz com que comece com uma grande vantagem. Ela é especialmente útil quando você está começando do zero e ainda não sabe muito sobre seu público-alvo ou como eles usam seu produto. Por exemplo, a Blue Bottle não tinha experiência na venda on-line de café, então entrevistamos amantes do café antes do sprint para entender melhor como eles compravam o produto.

P: Existem mais recursos?

R: Sim.

Dê uma olhada em thesprintbook.com para mais informações sobre sprints.

P: E se minhas dúvidas não tiverem sido respondidas aqui?

R: Adoramos responder a perguntas sobre sprints.

A melhor forma de entrar em contato conosco é pelo Twitter. Jake é @jakek, John é @jazer, Braden é @kowitz e a nossa equipe é @GVDesignTeam.

Notas de agradecimentos

Jake Knapp

Em primeiro lugar, agradeço a minha adorável esposa, Holly, pelos conselhos sinceros. Como minha primeira leitora, ela ajudou a moldar este livro — e salvou todos vocês de várias histórias chatas. Obrigado também a Luke, que me ensinou o significado do tempo, e a Flynn, que me manteve no ritmo perguntando toda hora se o livro já estava pronto.

Obrigado a minha família: a minha mãe, por fazer projetos comigo; a meu pai, por estar na arquibancada a cada jogo de basquete; a Becky e Roger, pelo apoio incansável; e a Steve, Rich, Nancy, Karol, Britton e Mignonne por aturarem seu irmão caçula. Provavelmente, a única pessoa na família que não me ajudou nem um pouco foi o meu sobrinho, Jack Russillo.

Na minúscula Orcas Island, tive tantos excelentes professores que seria impossível listá-los — mas um grande obrigado a Lyn Perry, Colleen O'Brien, Joyce Pearson, Eric Simmons, Steff Steinhorst e (é claro) Tish Knapp. Obrigado a meus muitos mentores no trabalho, especialmente a Jeff Hall, da Oakley; a Sheila Carter, Christen Coomer, Robb Anderson, Melinda Nascimbeni e Dan Rosenfeld, da Microsoft; e a Charles Warren, Jeff Veen e Elaine Montgomery, do Google. Um agradecimento muito especial a Irene Au por ter apoiado minhas experiências com o sprint desde o início, e a Michael Margolis, por anos de paciência e bom humor — e por ter apontado o lado positivo de minha procrastinação.

Obrigado, Caroline O'Connor, pelas orientações para os primeiros posts de blog sobre o processo do sprint, e agradeço a Belinda Lanks, por ter divulgado esses posts para uma audiência mais ampla por meio da *Fast Company*. Obrigado aos muitos leitores que conduziram os próprios sprints, compartilharam suas experiências e pediram mais histórias e maiores detalhes. O interesse deles foi a centelha para este livro.

Muito obrigado àqueles que deram conselhos logo no início do projeto para este livro: Joe Kraus, Jodi Olson, M. G. Siegler, Gaurav Singal, Kevin Rose, Scott Berkun e Josh Porter. Obrigado, Tim Brown, pelas boas sacadas e pelo encorajamento, e a Charles Duhigg por ter sido tão generoso com seu tempo.

Um muitíssimo obrigado a nossas agentes, Christy Fletcher e Sylvie Greenberg. Christy e Sylvie são as Obi-Wan Kenobis de *Sprint*. Se este livro for legível ou útil, é graças às orientações especializadas e à habilidade das duas de se colocarem no lugar dos leitores.

Ben Loehnen, nosso editor da Simon & Schuster, pode ler manuscritos inteiros em três paradas do metrô e enxergar um clichê através de uma parede de aço. Mas seu verdadeiro superpoder foi nos fazer soar mais inteligentes do que de fato somos. Ben, se você decidir largar a edição de livros para começar a editar diálogos do dia a dia, eu tenho interesse.

Jon Karp, da Simon & Schuster, brindou-nos com um entusiasmo constante desde o início. Publicar um livro é um trabalho complicado, e *Sprint* viu a luz do dia com a ajuda de Richard Rohrer, Cary Goldstein, Leah Johanson, Jackie Seow, Stephen Bedford, Ruth Lee-Mui, Brit Hvide e muitos outros da editora. E um obrigado escrito à mão, com verniz ultravioleta, em triplo relevo (se é que isso existe) a Jessica Hische, que deu vida à capa.

Como aqueles amigos que avisam que estamos com espinafre no dente, nossos leitores do manuscrito ofereceram críticas sinceras para ajudar *Sprint* a alcançar seu potencial. Obrigado, Julie Clow, Paul Arcoleo, Mark Benzel, Jake Latcham, Aaron Bright, Kevin Sepehri, Andrea Wong, Jose Pastor, Justin Cook, Jenny Gove, Kai Haley, Nir Eyal, Steph Habif, Jason Ralls, Michael Leggett, Melissa Powel, Xander Pollock, Per Danielsson, Daniel Andefors e Anna Andefors.

Alguns agradecimentos não se encaixam em categorias óbvias. Alex Ingram fez várias revisões dos capítulos sobre a segunda-feira (no início, estavam uma bagunça) e nos ajudou a explicar o sprint do ponto de vista de uma startup. Sunkwan Kim e Elliot Jay Stocks ofereceram conselhos para o design do livro. Becky Warren sugeriu a história de Marie Tharp. Chip e Dan Heath escreveram *Ideias que colam*, que serviu como nossa principal inspiração para *Sprint*. (Continuem colando, Irmãos Heath!)

Toda a equipe do GV foi excepcionalmente compreensiva e ofereceu apoio ao longo de todo o processo de redação do livro. Obrigado em especial a Mandy Kakavas, Ken Norton, Phoebe Peronto, Rick Klau, Kaili Emmrich e Tom Hulme pelo feedback e pelas sugestões na hora certa. Um obrigado muito especial a Laura Melahn, que ofereceu uma sinceridade brutal e um encorajamento cheio de energia. E outro obrigado muito especial a Jenn Kercher, que analisou aproximadamente 1.001 questões legais — e identificou alguns erros de digitação muito bem escondidos. Um obrigado com diamantes incrustados a David Krane pelas ideias, pelos conselhos e pelo entusiasmo. E um obrigado extra, especial, superluxo a Bill Maris, cuja motivação e apoio tornaram *Sprint* possível.

É muito improvável que este livro fosse concluído antes de 2027 sem a ajuda de Kristen Brillantes. Ela organizou nosso tempo, suportou o caos e até ouviu uma voz robótica ler o manuscrito durante uma viagem de carro que durou sete horas. Kristen, você é uma amiga e tanto.

Desde o primeiro esboço até o último detalhe da capa, Michael Margolis e Daniel Burka colaboraram no livro comigo, com John e com Braden. Eles leram e releram, ofereceram sugestões detalhadas e argumentos construtivos e me convenceram a retirar a maioria das piadas sem graça. Michael, Daniel, Braden e John — é uma honra trabalhar com vocês.

John Zeratsky

A minha esposa e melhor amiga, Michelle. Seu amor e seu encorajamento me tornam uma pessoa melhor. Tenho sorte demais por estar a seu lado.

Obrigado a meus pais, que apoiaram e alimentaram um imenso leque de hobbies quando eu era criança. (Incluindo o projeto de um veleiro, a produção musical, entre outras coisas.) Vocês me ajudaram a desenvolver meu amor pelo aprendizado, e sou muito grato por isso.

Meu avô, em meio à zona rural de Wisconsin, tornou-se um improvável aficionado por computadores na década de 1970, e sua paixão pela tecnologia serviu de combustível para meu interesse. Ele foi mais do que um avô carinhoso. Foi um amigo, um mentor e um paciente prestador de suporte técnico.

Obrigado a todos os meus amigos e colegas do *Badger Herald*. Vocês me proporcionaram uma introdução completa ao design e ao jornalismo. Graças a vocês, pude fazer o design de um jornal, gerenciei a produção gráfica, escrevi uma coluna sobre jazz e cheguei até mesmo a liderar a nossa diretoria.

Obrigado, Suzy Pingree e Nick Olejniczak. Na Universidade do Wisconsin-Madison, Suzy e Nick fizeram com que eu me sentisse em casa — o que não é um feito qualquer para um campus com quarenta mil estudantes. Nick me apresentou aos blogs e me ensinou desenvolvimento de web. Suzy permitiu que eu me matriculasse em vários de seus seminários para graduandos. Eles me apresentaram a meus primeiros clientes de design freelance e ofereceram um apoio indescritível.

Em 2005, a equipe do FeedBurner me deu uma oportunidade inacreditável de dar um passo maior do que minhas pernas. Obrigado, Matt Shobe, Dick Costolo, Eric Lunt e Steve Olechowski pela chance que me deram de buscar o sucesso. Ainda não acredito que vocês me deixaram fazer tudo aquilo.

Em 2011, outro grupo de parceiros me deu uma oportunidade que não sei bem se eu merecia. Obrigado, Braden, por ter me recrutado para me juntar a você no GV. Obrigado a Bill Maris, David Krane, Joe Kraus e o restante da equipe do GV por terem abraçado o design no capital de risco antes de qualquer um. Sinto-me honrado e grato por ser parte dessa equipe.

Tive o privilégio de trabalhar com dezenas de companhias do portfólio do GV. Suas equipes curiosas e talentosas me proporcionaram as experiências de aprendizado mais transformadoras de minha carreira. Agradeço, particularmente, ao Pocket, à Foundation Medicine, à Blue Bottle Coffee, à Savioke e à Cluster.

A Kristen, Daniel, Jake, Michael e Braden (sim, você de novo, Braden): não tenho palavras para descrever o prazer que é trabalhar com vocês. Obrigado, especialmente, por terem me encorajado a abraçar a escrita outra vez — quase dez anos depois de eu ter esquecido que era escritor.

Por fim, obrigado a nossas agentes, Christy Fletcher e Sylvie Greenberg, e a nosso editor, Ben Loehnen. Vocês nos levaram de "e se" a "caraca, isto está acontecendo" com sua força e seu equilíbrio. Além disso, deram-nos acesso a um mundo literário que só havíamos visto nos filmes e nos programas de TV.

Braden Kowitz

Obrigado a meus pais, que me mostraram a alegria da criatividade, ensinaram-me a consertar quase tudo e me deixaram andar livre na mata. Eles me deram um computador TI-99/4A que acompanhava um gravador de fita K7 para armazenar meu primeiro programa, muito antes de qualquer um pensar que isso seria uma boa ideia. Sou muito grato por ter herdado deles a alegria de explorar as coisas.

Obrigado a todos os instrutores e colegas de turma da Universidade Carnegie Mellon, que me ajudaram a entender o design e como usá-lo para fazer do mundo um lugar melhor. Eles me deram espaço para praticar e confiança para errar.

Tive uma sorte incrível por ter feito parte do Google durante a maior parte de minha carreira. Ao longo desse período, trabalhei com inúmeras pessoas talentosas e inspiradoras que me ensinaram como desenvolver produtos que as pessoas amam. Em particular, obrigado a Chad Thornton, Michael Leggett e Darren Delaye por me manterem focado e sempre me oferecerem críticas precisas, sinceras e úteis.

A Joe Kraus, agradeço por ter me mostrado como ajudar equipes a se reunirem para construir coisas incríveis. Seus conselhos e seu apoio no decorrer dos anos tiveram uma importância inestimável para mim.

É fácil se perder em detalhes e se esquecer do que é realmente importante na vida. Obrigado, Om Malik, por ter me encorajado a seguir meu coração.

Meus amigos mais próximos me ouviram divagar sobre este livro durante muitos quilômetros de caminhada e muitas canecas de cerveja, e também em cada churrasco de quintal no ano passado. Pat, Amanda, Chad, Heather, Kenneth, Brett e Donal, vocês são incríveis, e eu os amo do fundo do coração.

Acima de tudo, minha gratidão a toda a equipe do GV. Jake, John, Michael, Daniel e Kristen, não consigo imaginar uma equipe melhor para os desafios que enfrentamos ou companheiros melhores para as aventuras que nos esperam.

Índice

1ª edição	ABRIL DE 2017
reimpressão	ABRIL DE 2025
impressão	BARTIRA
papel de miolo	LUX CREAM 60 G/M²
papel de capa	CARTÃO SUPREMO ALTA ALVURA 250 G/M²
tipografia	ADOBE CASLON